VIVIR SIN GLUTEN

Manual para el enfermo celíaco

Alma Rodríguez

VIVIR SIN GLUTEN

Manual para el enfermo celíaco

EDICIONES OBELISCO

El editor agradece a Matilde Torralba y Montserrat Espadaler
de CELIACS DE CATALUNYA su amable y desinteresada colaboración
en la edición de este libro.

Si este libro le ha interesado y desea que lo mantengamos informado de nuestras
publicaciones, escríbanos indicándonos qué temas son de su interés (Astrología,
Autoayuda, Ciencias Ocultas, Artes Marciales, Espiritualidad, Naturismo, Tradición, etc.)
y gustosamente lo complaceremos.

Puede consultar nuestro catálogo en www.edicionesobelisco.com

Colección Obelisco Salud
VIVIR SIN GLUTEN, Manual para el enfermo celíaco
Alma Rodríguez

1.ª edición: julio 1999
3.ª edición: marzo de 2008

Portada de *Ricard Magrané*

© 1998, Alma Rodríguez
(Reservados todos los derechos)
© 1998, Ediciones Obelisco, S.L.
(Reservados todos los derechos para la lengua española)

Edita: Ediciones Obelisco, S.L.
Pere IV, 78 (Edif. Pedro IV) 3ª planta 5ª puerta, 2ª fase
08005 Barcelona - España
Tel. 93 309 85 25 Fax 93 309 85 23
Paracas 59   Buenos Aires
C1275AFA   República Argentina
Tel. (541 -14) 305 06 33 Fax (541 -14) 304 78 20
E-mail: obelisco@edicionesobelisco.com

Depósito legal: B-15.666-2008
ISBN: 978-84-7720-702-3

Impreso en España en los talleres gráficos de Romanyà Valls, S.A.
Verdaguer, 1, 08786 Capellades (Barcelona)

Printed in Spain

¿QUÉ ES LA ENFERMEDAD CELÍACA (CELIAQUIA, CELIACHIA, ENTEROPATÍA DE INTOLERANCIA O DE SENSIBILIDAD AL GLUTEN)?

El nombre "coeliac" proviene del griego "koilia", que significa vientre. La enfermedad celíaca es una afección crónica que consiste en una reacción del organismo ante determinadas cadenas de proteínas (conocidas como gluten) que se encuentran en los cereales. Esta reacción causa una destrucción del recubrimiento del intestino delgado, que da como resultado la malabsorción de nutrientes.

Las múltiples investigaciones que se han llevado a cabo señalan que:

a) Existe una tendencia genética a padecer esta enfermedad.

b) Afecta a ambos sexos, pero es dos veces más frecuente en mujeres que en hombres.

c) Puede presentarse a cualquier edad, desde la infancia (tan pronto como sean introducidos los cereales en la alimentación) hasta la tercera edad, inclusive en individuos que toda la vida han consumido cereales y sus derivados.

¿Qué ocurre en el organismo de quien padece esta enfermedad?

Primero explicaremos brevemente cómo es y cómo funciona el intestino delgado. Éste es un órgano en forma de tubo, que mide aproximadamente seis metros de largo y veinticinco milímetros de diámetro, y tiene una superficie total equivalente a sesenta metros cuadrados. Es en este órgano donde se absorben el noventa por ciento de los nutrientes del quimo. Las paredes del intestino delgado son musculadas y realizan hasta tres tipos de contracciones diferentes, denominadas movimientos peris-tálticos. En el interior, recubriendo la totalidad del intestino, hay millones de estructuras minúsculas en forma de dedo, conocidas como vellos o vellosidades, cuya función es la de absorber los nutrientes que provienen del quimo; estos vellos funcionan mediante largas células de paredes muy delgadas, que permiten que los nutrientes pasen a través de ellas con suma facilidad.

Al llegar al final del intestino delgado, el quimo habrá sido procesado por diecisiete enzimas diferentes: diez transformarán a las proteínas, seis a los carbohidratos y uno a los lípidos. Al acabar este proceso, el quimo se habrá convertido en una pasta muy líquida compuesta de fibra celulósica, agua, productos indigeribles y de desecho, que se conoce como quilo.

Una vez que los nutrientes han sido absorbidos por las vellosidades intestinales, pasan inmediatamente a la sangre a través de los pequeños vasos capilares del sistema sanguíneo que, a su vez, los vierten a la vena cava que conecta con el hígado.

En las personas que padecen la enfermedad celíaca ocurre lo siguiente: cuando la mucosa o recubrimiento intestinal entra en contacto con una proteína llamada gliadina, las vellosidades y sus enzimas digestivas comienzan a sufrir un proceso destructivo.

A consecuencia de esta destrucción, parte de la mucosa se vuelve "calva", es decir, se queda sin vellosidades que puedan absorber los nutrientes, por lo que éstos pasan a través del intestino sin pena ni gloria, como si la persona no hubiera comido.

El daño intestinal puede presentarse a las pocas semanas de haber ingerido el gluten, o bien, después de varios meses; inclusive hay casos que tarda en manifestarse varios años.

El gluten activa elementos del sistema inmunitario (anticuerpos, citoquinas y linfocitos) que no reconocen a esta proteína y la atacan, dañando el intestino. Esto se verá con detalle más adelante.

Para desencadenarse, el ataque requiere de la confluencia de dos elementos:

a) Una predisposición genética, como ya hemos dicho; esto significa que en el enfermo existen dos registros genéticos específicos, llamados subfactores HLA.

b) Un "detonante", que puede ser externo (como un elevado o continuo consumo de trigo), nervioso (estrés, ansiedad, depresión), físico (embarazo, cirugía) o patológico (una infección viral).

¿CUÁLES SON LOS EFECTOS DE LA ENFERMEDAD CELÍACA?

Las consecuencias más serias y notorias de esta enfermedad son los problemas relacionados con la malabsorción:

- Osteoporosis.
- Deterioro del esmalte dental.
- Afecciones del sistema nervioso central y periférico.
- Hemorragias internas.

- Trastornos en diversos órganos (páncreas, vesícula biliar, hígado y bazo).
- Trastornos del aparato sexual (como amenorrea o abortos espontáneos en la mujer, y en el hombre disminución de la líbido o impotencia, y en ambos, merma de la fertilidad).
- Anemia.

Hay investigaciones que señalan que la intolerancia al gluten, tanto si da por resultado el desarrollo de la enfermedad celíaca como si no, puede estar relacionada por ejemplo, con el autismo o la esquizofrenia.

En todas las afecciones que se han mencionado, gran parte del daño puede ser curado o por lo menos parcialmente reparado después de un tiempo de llevar una dieta sin gluten.

Es imprescindible remarcar la importancia de dicha dieta, porque si las personas celíacas no la llevaran, además de padecer las enfermedades que ya se han dicho, correrían el riesgo de desarrollar ciertos tipos de cáncer, especialmente los relacionados con el intestino. Por lo tanto, si no se trata, la enfermedad celíaca implica un riesgo para la vida.

Según afirma Luigi Greco, eminente doctor e investigador del Departamento de Pediatría de la Universidad de Nápoles, está reconocido que la intolerancia al gluten provoca calcificaciones en el cerebro, epilepsia, demencia y otros trastornos psíquicos; muchos investigadores creen que, en individuos genéticamente propensos, el gluten es altamente nocivo para el funcionamiento cerebral.

Los estudios actuales afirman que hay un claro incremento en el número de casos detectados.

¿Cuáles son los síntomas de la enfermedad celíaca?

Los diversos especialistas están de acuerdo en que no hay una sintomatología típica y precisa de la enfermedad, y esto representa un problema adicional para su inmediata detección. Lo sorprendente de la enfermedad celíaca es que no hay dos individuos que tengan el mismo cuadro sintomático o las mismas reacciones. Una persona podría presentar varios de los síntomas enlistados abajo, o algunos de ellos, o uno, o ninguno. El rango va desde no presentar síntoma alguno (son formas asintomáticas o latentes de la enfermedad, generalmente porque están afectadas menos zonas del intestino) hasta extremos en los que los pacientes muestran signos más que evidentes de malabsorción, como diarrea, pérdida de peso o inflamación intestinal. Desafortunadamente, estos síntomas por lo común se presentan cuando la enfermedad lleva ya un tiempo desarrollándose en el organismo, a veces tanto que se ha vuelto crónica, porque las reacciones a la ingestión de gluten pueden ser inmediatas, o manifestarse después de varias semanas o meses.

En la etapa más tardía de esta patología, si el intestino grueso está afectado, los enfermos sufren síntomas de disentería; si el intestino delgado es el origen del problema, presenta tres alteraciones diferentes que lo afectan, a saber: aumento del movimiento, aumento de las secreciones o una enfermedad de la membrana mucosa. La afección celíaca no corresponde a ninguna de estas alteraciones, pero posteriormente puede presentarlas.

Por todo lo anterior, no es raro que quienes padecen esta enfermedad hayan acudido previamente a otros especialistas antes de ir al gastroenterólogo.

Hay una amplia variedad de síntomas, que pueden manifestarse solos o varios a la vez, entre los cuales están:

– Vómito.
– Pérdida de peso.
– Inapetencia seria.
– Esteatorrea (heces grasosas que flotan en el inodoro, y que además contienen importantes cantidades de nutrientes)
– Flatulencia excesiva.
– Edemas.
– Estreñimiento, dolor e hinchazón abdominales.
– Diarrea.
– Hematomas (cardenales).
– Varios problemas relacionados con deficiencias vitamínicas, como:

- Deficiencia de hierro, que da lugar a anemia.
- Fatiga crónica.
- Debilidad.
- Dolor de huesos.
- Osteoporosis u osteomalacia, que provocan fragilidad en los huesos con una fuerte tendencia a padecer fracturas.
- Sensibilidad anormal o deteriorada de la piel (parestesia), que incluye ardor, comezón, hormigueo, punzadas.
- Edemas (hinchazón de las diversas partes del cuerpo, en especial las extremidades).
- Vista borrosa después de ingerir comida con gluten.
- Sensación de ardor en la garganta.
- Trastornos de conducta.

La enfermedad celíaca en los niños

Durante mucho tiempo se sostuvo la teoría de que esta enfermedad era exclusiva de la infancia y que desaparecía una vez llegada la pubertad. Pero esto no es así. Los resultados de investigaciones recientes indican que los síntomas de la enfermedad suelen entrar en regresión y desaparecer, aparentemente, entre la prepubertad y la adolescencia; esto da la impresión de que la enfermedad está curada, pero nada más lejos de la realidad. El daño continúa produciéndose en estos años de aparente salud, y cuando son adultos, estos adolescentes celíacos posiblemente presentarán un deterioro grave del intestino delgado y una desnutrición crónica.

La enfermedad celíaca en los lactantes

Una vez que se introducen los cereales en la dieta del lactante, pasarán algunos meses antes de que se manifieste algún síntoma de la enfermedad. El Dr. Vilar Escrigas,[*] del hospital de San Juan de Dios en Barcelona, afirma que la introducción del gluten en la dieta acorta el período de latencia (mientras más pronto se introduce, más corta es la latencia). Hay investigadores que sostienen que el amamantar tiene un papel preponderante para proteger a los niños de la problemática que implica la intolerancia al gluten en la infancia. Afirman que el potencial de la leche materna para proteger contra los ataques virales y bacterianos, la protección que dan los anticuerpos de la madre y el retraso del efecto res-

[*] *Primer Simposi entorn la malatia celíaca.* Barcelona, 19 de novembre de 1994.

pecto a la manifestación de los síntomas de la intolerancia al gluten (en individuos predispuestos) posiblemente evitan que el niño desarrolle los síntomas que en muchos casos pueden ser fatales.

Los primeros síntomas de la enfermedad aparecen entre los seis meses y los dos años de edad.

Entre los síntomas que pueden padecer los bebés están:

- Diarrea crónica, de consistencia líquida.
- Escaso o nulo desarrollo, tanto de peso como de estatura.
- Inapetencia.
- Vientre hinchado.
- Irritabilidad.
- Vómito.

Entre los síntomas que pueden padecer los niños mayores están:

- Evidentes deficiencias en el crecimiento.
- Vientre hinchado con o sin dolor.
- Deposiciones pálidas, malolientes y voluminosas, que pueden flotar o no.
- Diarrea espumosa y frecuente.
- Vómito.
- Irritabilidad.
- Llorar y quejarse continuamente.
- Incapacidad para concentrarse.

En lo que concierne al aspecto exterior, los niños suelen presentar palidez, actitud apática, delgadez fláccida (por atrofia de la musculatura y escasa grasa corporal), vientre voluminoso, piel seca y áspera y poco cabello.

Como en los adultos, el problema reside en que las características de la enfermedad dan lugar a mucha confusión antes de poder establecer un diagnóstico acertado. Esto quiere decir que los síntomas no suelen darse de forma simultánea, lo que acarrea problemas para diagnosticar la patología. Por lo común suelen pasar meses hasta que se determine que se trata de la enfermedad celíaca.

¿QUÉ ES EL GLUTEN?

El gluten es una masa elástica, de apariencia muy característica (similar al chicle), que se obtiene lavando la masa hecha con harina de trigo en abundante agua hasta eliminar totalmente el almidón. Muchos vegetarianos incluyen el gluten en su dieta, trabajándolo para darle forma de bistec, por ejemplo, y de este modo obtienen su aporte proteico.

Se entiende por gluten proteínas diferentes, denominadas: gliadina, avenina, secalina y hordeína.

Durante la digestión, estas proteínas se desdoblan en unidades más pequeñas, llamadas péptidos (polipéptidos o cadenas péptidas) que a su vez están compuestos por cadenas de aminoácidos, con forma similar a un collar de perlas. Todos los péptidos son dañinos, pero hay un polipéptido particularmente perjudicial, que tiene 19 aminoácidos ensartados juntos en una secuencia específica.

Al llevar una dieta sin gluten, no deben ingerirse dichos péptidos procedentes del trigo, centeno, cebada y posiblemente, avena. Esto implica eliminar prácticamente todos los alimentos hechos con estos cereales, sin detenerse a especular si contienen gluten en un sentido estricto.

¿Qué cereales no pueden comer los celíacos?

Los cereales perjudiciales son el trigo, la cebada, el centeno y la avena. Se considera que únicamente el trigo tiene gluten verdadero, aunque hay cadenas de polipéptidos en las proteínas del centeno y la cebada que son similares a las que se encuentran en el trigo. Las proteínas de la avena son similares, pero las cadenas de polipéptidos presentan una leve diferencia, por lo que se está discutiendo si son dañinas o no.

Es importante que el enfermo esté muy bien informado sobre las diversas variedades de estos cereales dañinos, para evitar consumirlos; entre ellos están el trigo especial para hacer pasta (durum), la sémola, la espelta, el kamut, el bulgur y el tritical, un cereal obtenido por el cruce de trigo y centeno.

¿Cuáles son los cereales y féculas alternativos para los celíacos?

Entre los cereales que los celíacos pueden consumir sin problema, destacan el maíz y el arroz, que al no tener gluten no pueden causar daño. Aunque hay personas que son alérgicas al maíz, está probado que ni éste ni el arroz dañan el revestimiento intestinal de los celíacos.

Hay una amplia variedad de cereales sin gluten que pueden usarse tanto en grano como en harina para elaborar panes, pastas y todo tipo de alimentos que se suelen hacer con los cereales dañinos; entre los que podemos citar están el amaranto, el alforfón, el mijo, el sorgo y el arroz salvaje.

Es posible sustituir la harina de trigo por otros productos carentes de gluten; por ejemplo, una taza de harina de trigo puede sustituirse por:

– Una taza de almidón de trigo desglutinado.
– Una taza de harina de maíz.

- Una taza pequeña de harina de maíz fina.
- ¾ de taza de harina de maíz gruesa.
- Diez cucharadas soperas de harina de patata.
- Una cucharada sopera de harina de arroz blanca o integral.
- Una taza de harina de soja más ¼ de taza de harina de almidón de patata.

Los tubérculos son otra interesante y nutritiva opción para los celíacos; entre ellos podemos citar a la patata, el boniato, la yuca, la tapioca y la batata.

Las legumbres también pueden ser una alternativa nutricional muy ventajosa, en especial la soja, los guisantes, los garbanzos y las lentejas. Hay otros vegetales interesantes, como la quinoa. Muchos de estos productos podemos conseguirlos en tiendas de nutrición.

Hay que prestar especial atención a los alimentos procesados que podamos adquirir en los comercios alimentarios, ya que es muy posible que en su composición se encuentren ingredientes con gluten. A continuación enumeramos una serie de ingredientes que si están incluidos en la etiqueta son indicativos de la posible presencia de gluten:

- Aditivo cereal.
- Almidón.
- Almidón alimentario modificado.
- Cereal.
- Emulsionante.
- Esencia estabilizante.
- Estabilizador.
- Proteína vegetal.
- Proteína vegetal hidrolizada.
- Saborizante.

Más adelante daremos una amplia información sobre la dieta sin gluten.

Una considerable proporción de la población occidental (entre el 0,3 y el 1%) es intolerante al gluten y manifiesta un amplio espectro de síntomas. Dicha intolerancia está estrechamente relacionada con registros genéticos que requieren miles de años para desarrollarse y ser seleccionados; la intolerancia al gluten es un fenómeno de desajuste entre el desarrollo de la agricultura y la evolución del organismo humano. ¿Por qué? Mientras que los cambios en el medio ambiente y en los alimentos que consumimos requieren siglos, en la población humana, la adaptación a estos cambios lleva milenios.

El doctor Greco, investigador de la Universidad de Nápoles, expone una interesante conclusión respecto a la intolerancia al gluten, que resumiremos a continuación.

El Homo sapiens fue nómada durante noventa mil años, y obtenía su sustento de la caza, la pesca y la recolección de frutos, semillas, hierbas y vegetales silvestres. Hace unos 10000 años, ciertas tribus nómadas empezaron a establecer asentamientos, porque evolucionaron de tal forma que fueron capaces de recolectar gran cantidad de alimentos; esto dio como consecuencia que:

a) Tuvieran necesidad de almacenar y permanecer al lado de las provisiones.

b) Ya no fuera necesario moverse continuamente para ir buscando el sustento.

Esto ocurría en el Neolítico; el doctor Greco no duda en afirmar que el descubrimiento de nuevas formas de producción y almacenaje de alimentos ha sido la mayor revolución que ha experimentado la humanidad, porque se pasó de la recolección a la producción, originando el primer sistema en el que el trabajo humano se organizaba en actividades que producían rendimientos durante periodos de tiempo más prolongados. De esta forma, se inició y consolidó el concepto de la propiedad y se desarrollaron las fortalezas para proteger la tierra y los almacenes de comida.

Las investigaciones antropológicas y arqueológicas revelan que muy posiblemente, este cambio tan radical se debe a la inteligencia, intuición y capacidad de observación de la mujer, básicamente porque era ella quien se dedicaba a proveer de semillas, hierbas, raíces y tubérculos a la comunidad, no así el hombre, que era cazador y guerrero. Los arqueólogos afirman que muy posiblemente la mujer del Neolítico haya usado alguna vara para excavar y sacar las raíces y tubérculos, y mientras lo hacía, se fue dando cuenta de cómo caían algunas semillas en la tierra y penetraban en ella con la lluvia. Posteriormente relacionó esto con las nuevas plantas que encontró en los lugares en los que había cavado y dedujo la relación que había entre las semillas que habían caído y las "nuevas" plantas cultivadas. Así comenzó también el cultivo de semillas silvestres.

De esta forma, las mujeres se dedicaron durante miles de años a las actividades agrícolas, aportando una provisión de alimentos cada vez más segura y abundante.

El descubrimiento de los cereales o gramíneas y cómo adquirieron protagonismo en la alimentación humana

Los arqueólogos creen que las prácticas agrícolas se originaron en una región del sudeste de Asia que abarca el sur de Turquía, Palestina, Líbano y el norte de Irak, que siempre ha sido muy rica en cereales silvestres, que incluso forman extensiones naturales. Hay constancia de que el trigo y la cebada eran común y rutinariamente recolectados por los primitivos moradores.

Es interesante saber que los cereales silvestres de esa época tenían únicamente entre dos y cuatro granos por espiga, que caían fácilmente a la tierra una vez habían madurado.

Gradualmente, fue realizándose un cambio en los sistemas de producción, en el que los seres humanos pasaron de ser cazadores a cultivadores de gramíneas, dado que vivían de la caza de gacelas, pero su dieta también incluía granos de cereales, que paulatinamente y con el paso del tiempo, constituyeron su principal fuente de energía. Es probable que la recolección prevaleciera sobre el cultivo, pero poco a poco se fue desarrollando la práctica de cultivos.

Hay indicios de que hacia el 5000 a. C. hubo una gran sequía que menguó a los animales salvajes, por lo que los cereales y animales de granja pasaron a formar una considerable parte de la dieta. Es muy sabido que la primera gran cultura se desarrolló en Mesopotamia, con poblaciones provenientes de iniciales asentamientos agrícolas que originaron una gran civilización; las tribus viven en grandes ciudades y organizan poderosos ejércitos para defender sus tierras y sus reservas de comida. También en esa época, en Egipto comenzó a consolidarse una civilización basada en la agricultura, que se especializó en el cultivo de trigo, cebada y lino.

LA EVOLUCIÓN DE LOS CEREALES Y SU RELACIÓN CON LA ENFERMEDAD CELÍACA

Los primeros cereales silvestres de los que descienden el trigo y la cebada fueron genéticamente diploides (con una pareja de cromosomas), con pocos granos y un contenido de proteínas y almidones muy variable. Dado que generalmente caían a tierra una vez maduros, haciendo muy difícil la recolección, los hombres del Neolítico seleccionaron variedades que podían retener el grano por más tiempo, con el objetivo de obtener una cosecha. El siguiente paso en el desarrollo de la naciente agricultura fue la supervivencia y expansión de los granos poliploides, que casi nunca crecen de forma natural, debido a su escasa posibilidad de supervivencia sin prácticas de cultivo artificiales; otra característica es que tienen escasas variaciones genéticas y muy frecuentemente se autopolinizan, lo que origina una uniformidad genética.

Del *Triticum aestivum*, que es el resultado de los cruces de diversos trigos silvestres, provienen todas las variedades de trigo actuales (20000), porque su grano, al ser más resistente desplazó y sustituyó a todas las demás variedades existentes, por lo que la diversidad genética se ha perdido actualmente.

Como sabemos, el cultivo del trigo y la cebada se inició en una pequeña área geográfica (el sudeste de Asia); únicamente allí se desarrollaron los cereales que contenían gluten. En Asia, se desarrolló el cultivo de arroz, mientras que en América prevaleció el maíz y en África el sorgo y el mijo (como hasta la fecha). Todos estos cereales estaban presentes en forma natural y fueron cultivados gradualmente en sus lugares de origen.

En Europa los cereales fueron seleccionados durante siglos con el objetivo de mejorar su homogeneidad y productividad. Posteriormente se dio prioridad a la elaboración del pan, por lo que las actividades de selección agrícola se enfocaron a la obtención de granos que contuvieran grandes cantidades de gluten, ya que su consistencia era ideal para la panificación, ignorando su valor proteico (por otra parte, escaso).

A lo largo de los siglos, el hombre realizó una selección genética cada vez más en función del pan, hasta que actualmente y gracias a la manipulación genética, de pocos granos y una pequeña cantidad de gluten, se ha pasado a variedades de abundantes granos y muy ricas en gluten (más del 50%), especiales para la industria panificadora.

La enfermedad celíaca es resultado de un desajuste entre el desarrollo de la agricultura y la evolución del organismo humano

Preste atención a lo siguiente, que es de suma importancia para comprender las causas de la enfermedad. Demográficamente, el desarrollo de la agricultura propició un aumento ostensible de la población humana, porque ésta había permanecido estable durante milenios y milenios. ¿Por qué? Porque al hacerse sedentarios, tenían suficientes reservas de alimentos. Progresivamente, surgió la necesidad de ir ganando más tierras, y entre el 9000 y el 4000 a. C. los agricultores se extendieron hacia Europa, reemplazando a los nativos o fusionándose con ellos.

Esto es importante porque más de dos tercios de la actual herencia genética (el B8 específico del sistema HLA) se originó en esta nueva población; hay investigadores que afirman (Cavali Sforza, por ejemplo) que la migración de agricultores es paralela a la difusión del B8, y según el doctor Greco, la frecuencia de éste es inversamente proporcional a lo que duró la implantación del cultivo del trigo, originando una selección genética negativa en los pueblos que lo cultivaban. Según los estudios de Cavali, en Irlanda, donde el cultivo del trigo se inició apenas 3000 años a. C., hay informes de una frecuencia más alta de intolerancia al gluten.

Los cambios en la alimentación no fueron bien tolerados por todos. Una considerable proporción de la población del preneolítico no pudo adaptarse lo suficiente al cambio alimenticio que provocó el cultivo del trigo; es muy probable que se mantuviesen sin ningún problema o alteración durante siglos, dado que el contenido de gluten de los granos era muy bajo. Pero cuando la selección del trigo se hizo para obtener cantidades industriales de gluten, con el objetivo de mejorar la elaboración del pan, las personas estuvieron expuestas a inaguantables cantidades de una proteína intolerable.

El organismo de este grupo de personas es genéticamente identificable hoy día a través de su HLA paterno.

El problema radica en que su sistema inmunológico no sólo no identifica, a través de su sistema HLA, el gluten como un alimento tolerable, sino que, como las secuencias de los péptidos de gliadinas se parecen a varios virus patógenos, genera un complejo mecanismo de defensa (una respuesta inmunológica), que al no encontrar al elemento patógeno para destruir, desarrolla una respuesta autoinmune que es el origen del daño al intestino y a otros órganos.

Es decir, que en un intento de combatir lo desconocido, finalmente se desarrolla una enfermedad debido al exceso de defensas. Es posible que la intolerancia al gluten tenga alguna ventaja selectiva, porque posiblemente el sistema HLA clase II de los enfermos es mucho más eficaz; esto les da una ventaja selectiva contra las infecciones para compensar la desventaja de la intolerancia al gluten.

Las poblaciones del mundo que no han estado expuestas de igual modo a una proteína problemática, ya que viven del maíz, arroz, sorgo, mijo y tubérculos, no presentan la presión selectiva de la intolerancia al gluten y posiblemente aún tienen algo de los genes primitivos.

Conclusión: la intolerancia al gluten está ligada a una predisposición genética específica.

Los investigadores afirman que más del 5% de la población actual tiene la predisposición (en Europa, aproximadamente un millón de casos de total intolerancia al gluten y entre 5 y 10 millones de individuos que tienen el riesgo de volverse intolerantes al gluten).

Estas personas sólo tienen una alternativa: adoptar una dieta libre de gluten asumiendo que los cereales dañinos no son la única opción para aportar carbohidratos complejos a la dieta.

Por lo tanto, las poblaciones de riesgo están formadas por individuos que:

- Tengan un parentesco lineal de primer orden (hijos, nietos, hermanos).
- Padezcan alguna de las enfermedades asociadas a la celiaquia: diabetes mellitus, dermatitis herpetiforme, fibrosis quística de páncreas, epilepsia con calcificaciones cerebrales o déficit de IgA.

Es importante saber esto para someter a estas poblaciones a controles periódicos, además de estar atentos a cualquier síntoma sospechoso.

¿CÓMO SE DIAGNOSTICA ESTA ENFERMEDAD?

En este apartado no deseamos de modo alguno sustituir la información que el médico pueda aportarle, simplemente nos limitamos a exponer cómo podría ser diagnosticada la enfermedad, con el objetivo de que tenga una base informativa, muy útil para ubicarnos en una realidad.

El método tradicional de diagnosis incluye tres fases:

1ª) Hacer una biopsia del recubrimiento del intestino delgado. Es un proceso muy fácil que requiere solamente unos minutos en los adultos; en los niños es un poco más complicada, ya que tienen que ser sedados ligeramente antes de realizarla. Por lo común, antes de hacer la biopsia se hacen pruebas para ver si en la sangre hay anticuerpos (antigliadina, antiendomisio, antireticulina y antiyeyuno). Esto es muy útil para determinar si es necesario hacer la biopsia o si se trata de otra afección.

Si los resultados de la biopsia indican que el recubrimiento intestinal está liso o atrofiado, entonces se pasa a la fase que explicamos a continuación.

2ª) Se somete al paciente a una dieta SIN gluten durante seis meses o más; pasado este tiempo, se considera necesario practicarle otra biopsia, para ver si la mucosa se ha normalizado. Si es así, entonces se lleva a cabo la fase siguiente.

3ª) Se somete al paciente a una dieta CON gluten durante un período de seis meses o más; una vez se ha cumplido el plazo, se realiza una tercera biopsia. Si la mucosa está dañada de nuevo, se considera que el diagnóstico está confirmado y el paciente deberá llevar de por vida una dieta sin gluten. Otros médicos prefieren hacer una biopsia inicial y eliminar las biopsias de la fase 2 y la fase 3 y basar su diagnóstico en las pruebas de anticuerpos que ya hemos mencionado en el punto 1. Si el paciente ha llevado una dieta con gluten y las pruebas salen positivas, hay muchas posibilidades de que el paciente tenga la enfermedad celíaca. Si salen negativas, es probable que el paciente no la tenga. Hay que aclarar que pueden darse resultados mixtos, pero no se toman en cuenta, sino que se siguen haciendo pruebas hasta que los resultados sean suficientemente claros.

Los resultados de las pruebas están fuertemente condicionados a la dieta sin gluten. Las pruebas darán resultados negativos si la persona ha llevado una dieta sin gluten durante un tiempo; aquí hay un problema porque todavía no hay un consenso respecto a cuánto tiempo después de realizadas las pruebas el paciente debe seguir una dieta con gluten antes de realizar nuevamente dichas pruebas. Depende de muchos factores: el nivel de daño que había antes de eliminar el gluten de la dieta, el tiempo que la persona haya estado sometida a la dieta sin gluten, qué tanto ha mejorado, y la sensibilidad que tiene cada individuo al gluten. Este método es menos fiable. La mayoría de investigadores se decantan por combinar las pruebas antígenas y las biopsias para hacer un diagnóstico firme.

¿Cuál es el tratamiento para la enfermedad celíaca?

El único existente es seguir de por vida una dieta sin gluten.

No hay otro remedio, ya que debido a sus características de predisposición genética, esta enfermedad no puede curarse mediante medicamentos de prescripción.

Para curar las consecuencias de la malabsorción se seguirán las indicaciones pertinentes para cada trastorno (anemia, desnutrición, deficiencias de calcio, etc.).

Es importante señalar que la enfermedad celíaca aún no ha sido suficientemente investigada. Lo que se sabe respecto a los alimentos que se consideran inofensivos está basado en estudios de evidencias anecdóticas de los enfermos. No hay plena seguridad sobre lo que no afecta a los celíacos.

En qué consiste la dieta sin gluten

El seguimiento de esta dieta significa que deben evitarse todos los productos derivados del trigo, centeno, cebada y avena.

Su abstinencia debe ser de por vida (uno de los objetivos de este libro es concienciar a las personas que padecen la enfermedad, de que ésta es una condición genética y por lo tanto, se ha de eliminar el agente que la provoca, el gluten); no debe caerse en el error de pensar que al sentirse bien se puede volver a comer como antes, ya que precisamente nos sentimos bien porque se ha eliminado el gluten de nuestra dieta.

El asunto no es tan complicado como parece, porque como ya hemos visto, hay muchas opciones alimenticias que nos aportarán carbohidratos complejos de alta calidad.

¿Cómo empezar sin caer en deficiencias alimentarias?

Una dieta sin gluten puede ser tan equilibrada como la de cualquier otra persona que no padezca trastornos en su mucosa intestinal. Para ello deben incluirse una amplia variedad de alimentos en las proporciones justas, de forma que no puedan comportar carencias ni excesos nutricionales al celíaco. Según la Organización Mundial de la Salud una dieta equilibrada debe estar compuesta por:

– 50-60% de la ingestión diaria total de alimentos con calorías procedentes de los hidratos de carbono o carbohidratos que se encuentran en el arroz, maíz, mijo, trigo sarraceno, legumbres, tubérculos, amaranto, mandioca, quina, harinas sin gluten, miel, azúcar y fruta. Dichos carbohidratos se dividen en monosacáridos (glucosa y fructosa), disacáridos (lactosa y maltosa) y oligosacáridos (almidón y dextrinas).

– 25-30% de la dieta diaria con calorías obtenidas a partir de las grasas. Es necesario reducir al máximo (menos del 10% del total) la ingesta de grasas de procedencia animal (saturadas) que se encuentran en la mantequilla, crema de leche, manteca de cerdo, embutidos, queso y grasa de la carne, y consumir preferentemente (más del 10% del total de la ingesta) las grasas vegetales ricas en ácidos grasos (insaturadas) que provee, por ejemplo, el aceite de oliva. También será conveniente un consumo menor del 10% de las grasas polinsaturadas presentes en los aceites de maíz o girasol, el pescado azul y en los frutos secos.

– 15-20% con calorías procedentes de las proteínas. Una buena pauta a seguir es ingerir diariamente entre 0,8 y 1 gramo de proteína por kilogramo de peso corporal. Las principales fuentes de proteínas son los huevos, la carne, el pescado, el queso y la leche, aunque también se encuentran en una buena proporción en legumbres como las lentejas, las alubias, los garbanzos, la soja y en los cereales exentos de gluten.

En los primeros estadios de la dieta sin gluten del celíaco será conveniente ingerir suplementos de vitaminas hidrosolubles como las del complejo B, vitamina C, niacina, ácidos fólico y pantoténico y biotina, vitaminas liposolubles como las vitaminas A, D, E y K, así como suplementos minerales tales como calcio, hierro y magnesio, todas ellas sustancias de vital importancia en los procesos metabólicos del organismo humano que en la celiaquía se absorben en forma deficiente a causa de la destrucción de las vellosidades de la mucosa intestinal. No obstante, ya estable, el enfermo podrá prescindir de los suplementos y adquirir las vitaminas y los minerales que le aporte su dieta normal.

Las principales fuentes alimenticias de vitaminas son:

– Vitamina A: hígado, hortalizas y frutas de color amarillo.
– Vitamina C: frutos agrios, pimientos, perejil, melones, fresas, tomates y col.
– Vitamina D: hígado, leche y productos lácteos y yema de huevo.
– Vitamina K: vegetales verdes, col y productos lácteos.
– Ácido fólico: legumbres secas, huevos, hígado y verduras de hoja verde.

Las principales fuentes alimenticias de minerales son:

- Hierro (Fe): yema de huevo, moluscos, vísceras, menudillos, carne de caballo, carne de ternera, legumbres secas, espinacas y cereales integrales permitidos.
- Zinc (Zn): carne, hígado, leche, queso, legumbres secas y cereales integrales permitidos.
- Cobre (Cn): hígado, pescado, legumbres y cereales integrales permitidos.
- Selenio (Se): pescado, mantequilla, huevos y cereales integrales permitidos.
- Calcio (Ca): leche, productos lácteos, vegetales de hoja verde, legumbres secas y moluscos.
- Potasio (K): legumbres, frutos secos, patatas y frutas frescas.

Asimismo, las fibras juegan un papel importante en el proceso digestivo al influir positivamente en el metabolismo de las grasas y en la reducción de los niveles de colesterol. Son buenas fuentes de fibra las frutas y las verduras, el muesli sin gluten y los productos dietéticos sin gluten elaborados con harinas integrales sin gluten.

La ingesta de líquidos también es importante, debiéndose tomar, como mínimo, unos dos litros diarios (agua, zumos de frutas, tés, sopas, frutas y verduras). No obstante, si se practica regularmente ejercicio, se deberá tener en cuenta la pérdida de líquido a través de la transpiración y aumentar proporcionalmente su consumo.

Un método práctico de plantearse una dieta diaria correcta es conocer la proporción de nutrientes contenidos en las raciones de cada alimento que habitualmente se consumen en un plato normal. Veamos su composición:

- Grupo de farináceos: de 4 a 6 raciones (1 ración: 70 g de arroz o legumbres en crudo/200-250 g de patata).

- Grupo de verduras: de 2 a 3 raciones (1 ración: un plato de ensalada variada o de verdura cocida/un plato de pimiento y berenjena asados).
- Grupo de cárnicos: 2 raciones (1 ración: de 100 a 120 g de carne o pescado/ ¼ de pollo o conejo/40 g de jamón).
- Grupo de grasas: de 3 a 6 raciones (1 ración: una cucharada sopera de aceite o mayonesa/ una cucharadita de mantequilla).
- Grupo de frutas: de 2 a 3 raciones (1 ración: una manzana, un plátano, una naranja, una pera o un kiwi/2 ó 3 mandarinas o ciruelas/3 ó 4 albaricoques/1 taza de fresas o ciruelas/1 tajada de sandía o melón).
- Grupo de lácteos: de 2 a 3 raciones (1 ración: 1 taza de leche/2 yogures/40-50 g de queso manchego/ 200-240 g de queso fresco).

De hecho, no es tan complicado para el celíaco alimentarse bien y equilibradamente siempre y cuando se observen siempre las siguientes normas:

1. Sustituir los cereales dañinos por otros alimentos ricos en carbohidratos, comprando sustitutos de alimentos que contienen gluten (pan, pasta, etc.).
2. Cocinar uno mismo, y cerciorarse de que todo lo que se come o bebe no tiene gluten, centrándose en encontrar sustitutos del pan y la pasta.
3. Ingerir al menos cinco comidas diarias.
4. Desayunar abundantemente, comer lo suficiente y cenar poco.
5. Procurar que el menú diario sea variado.
6. Consumir mucha fruta y verdura.
7. Reducir el consumo de grasa, sobre todo de la de procedencia animal.

8. Beber un mínimo de entre 1 ½ y 2 litros diarios de agua u otros líquidos.
9. Controlar regularmente el peso.
10. Practicar regularmente ejercicio.
11. Eliminar el alcohol.
12. Leer siempre la fórmula de los medicamentos.
13. No comprar nunca comida procesada industrialmente, a menos que se especifique que puede ser consumida por personas sensibles o intolerantes al gluten. Lea con atención el contenido de las etiquetas. Los alimentos preparados como cereales de desayuno, helado, sopas, yogur, puré de tomate, tentempiés y embutidos pueden contener algún derivado de los cereales dañinos.

    Lo mejor es no consumir alimentos industrializados, ya que en muchos casos la harina o el almidón de trigo suelen ser un ingrediente catalogado como espesante (sin que la etiqueta diga de qué sustancia se trata) en la elaboración del producto.
14. Cada determinado tiempo es necesario revisar las etiquetas de los productos conocidos, porque a veces se hacen cambios en los ingredientes, ya sea para mejorar el aspecto y el sabor o por reducir costes. Por esto, los celíacos deben tener muy claro y asumido que es necesario investigar cada alimento procesado que van a comer o cada medicamento* que van a tomar. Nunca deben descuidar este aspecto, ya que en ello les va la salud. Si usted no se siente bien, o si se siente bien pero de repente tiene síntomas recurrentes, vuelva a revisar las etiquetas de todo lo que consume, es absolutamente necesario.

---

* Desde julio de 1989 hay una normativa por la que los medicamentos que contienen gluten deben declararlo en el prospecto.

Hay que evitar el consumo de: trigo, centeno, cebada, avena y sus derivados:

- Todo tipo de panes.
- Todo tipo de galletas, incluidas las de régimen.
- Tostadas y rosquillas (dulces y saladas).
- Bollería.
- Crepes.
- Copos.
- Muesli.
- Sémola.
- Espelta.
- Gofres.
- "Carnitas" de gluten o de soja (muchas de ellas también contienen gluten).
- Salvado (excepto de arroz).
- Salsas en general si se desconoce su composición.
- Trigo bulgur.
- Cuscús.
- Todo tipo de pasta (macarrones, espaguetis, fideos).
- Germen de trigo (puede estar contaminado).
- Todo tipo de tartas y pasteles.
- Harinas y derivados (pan, rebozados, galletas, etc.).
- Almidón de trigo.
- Verduras y arroces precocinados.
- Legumbres cocinadas.
- Carnes y pescados con salsas de elaboración no controlada.
- Yogures con trozos u otros añadidos.
- Embutidos y patés.
- Conservas.
- Cerveza.
- Whisky.
- Crema de whisky tipo Bailey's.

Hay que ir con mucho cuidado con los siguientes alimentos (recuerde los incisos 13 y 14 anteriores). Ante la duda, lo mejor es no consumirlos:

- Salsas diversas, para cóctel, para pasta, para barbacoa, de soja, ketchup, mayonesa, etc.
- Dulces, chicles y caramelos.
- Postres de leche (natillas, flanes, "petit suisse", etc.).
- Quesos, sobre todo los fundidos.
- Chocolates, tanto en barra como en polvo para beber.
- Polvos de curry.
- Emulsionantes y excipientes rellenos.
- Espesantes (almidones).
- Helados.
- Levadura (pueda estar contaminada).
- Maltodextrinas.
- Saborizantes naturales.
- Cerveza sin alcohol.
- Jarabes.
- Sazonadores.
- Medicamentos (ver prospecto, si no es apto debe llevar una advertencia).
- Sopas.
- Puré de tomate.
- Cortezas, frituras de maíz (a veces tienen harina de trigo).
- Manteca vegetal.
- Pimientas molidas (posible contaminación).
- Levadura en polvo y en extracto (posible contaminación).
- Yogures con trozos u otros añadidos.
- Alcohol, sobre todo el de malta.
- Café instantáneo soluble.
- Tortillas (algunos restaurantes les añaden harina como espesante).

Cada persona debe hacer su propia selección basándose en su propia intuición y experiencia, considerando siempre el riesgo de consumir un alimento procesado.

Alimentos que sí puede consumir el celíaco:

- Ensaladas, legumbres, verduras, arroz y patatas hervidas.
- Carne y pollo a la plancha o frito (sin harina).
- Pescado a la plancha, hervido o frito (sin harina).
- Huevo frito o tortilla (sin aditivos).
- Todo tipo de frutas y zumos naturales.
- Leche, mantequilla, quesos, yogures naturales y de sabores (sin trozos).
- Todos los tipos de aceites.
- Sopas y salsas hechas en casa sin harina de trigo ni aditivos.
- Café y demás bebidas, excepto las derivadas de la cebada.
- Harina y derivados (los especiales para celíacos) y Maizena.
- Pasta y rebozados (los especiales para celíacos).
- Jamón "serrano".
- Conservas de verduras y legumbres hervidas y conservas en aceite.

APRENDER A VIVIR SIN GLUTEN

Hay que aprender a vivir sin gluten, estudiando cada cual las reacciones ante cada alimento; asimismo, se debe investigar mucho, procurar estar lo mejor informado posible y dedicar un tiempo extra a probar nuevas recetas de cocina, nutritivas y sencillas.

Hay muchas fuentes accesibles y fidedignas a las que recurrir, por ejemplo, los libros de dietas, los libros de información sobre la enfermedad y los grupos de apoyo; también hay empresas de dietética que elaboran productos sin gluten, especiales para celíacos, entre los que se encuentra el pan hecho con harinas de arroz o de maíz.

Otra opción es hornear nuestros propios panecillos en casa a partir de recetas; también podemos elaborar yogur y helados caseros. Muchos de estos productos pueden conseguirse en tiendas de nutrición.

Para espesar salsas, en vez de harina de trigo, podemos utilizar fécula de maíz, goma guar o un alga llamada agar-agar, que podemos encontrar en las tiendas de dietética.

En cuanto a aceites, podemos emplear también los de maíz, oliva, cacahuete, girasol y soja.

Hay expertos que inclusive aconsejan lo siguiente, aunque pueda parecer exagerado:

- Use su propia mantequilla y su propio tostador, para evitar que tenga incrustadas migas del pan que consumen los no celíacos de la familia.
- Revise bien la composición de los cosméticos.
- No lamer los sellos ni los sobres al pegarlos.
- No comer patatas o cualquier alimento aparentemente inofensivo si han sido fritos en restaurantes, porque usan el mismo aceite para freír todo tipo de rebozados.

QUÉ HACER
SI DESPUÉS DE TODAS ESTAS MEDIDAS, CONTINÚA SINTIÉNDOSE MAL

Si ha llevado la dieta de modo estricto y los síntomas continúan, consulte a su médico. El malestar puede ser debido a muchas otras causas, como por ejemplo, que su organismo apenas estuviera reaccionando a la dieta sin gluten (recuerde que cada organismo tiene un tiempo propio para cambiar). Otra causa podría ser que su digestión sea mala, por lo que el médico tomaría las medidas que considere adecuadas; posiblemente le prescribiría suplementos de enzimas que le ayudarían a la digestión o le mandaría a hacer pruebas para ver cómo está funcionando el páncreas o la vesícula biliar. Otra posibilidad es que tenga intolerancia a otros alimentos, por lo común, a la lactosa o los huevos. Nadie mejor que usted para controlar y observar sus reacciones frente a determinados alimentos. En estos casos en los que los síntomas continúan a pesar de seguir la dieta, algunas asociaciones de celíacos sugieren que se lleve un diario de control sobre todo lo que se ingiere y cuándo se manifiestan los síntomas; puede parecer engorroso, pero es de gran utilidad para detectar el alimento problemático.

ALGUNOS CONSEJOS
QUE PUEDEN SER DE UTILIDAD PARA LA DIETA

– Usar cereales integrales, tanto en su forma de grano como en harina (arroz, mijo, sorgo y maíz).
– Comer frutas y verduras, y beber mucha agua, sin exagerar.
– Hacer ejercicio, principalmente caminatas.
– Evite comer en la calle, pero si no puede por razones de trabajo, investigue en qué restaurante pueden cocinar sin los cereales dañinos. Generalmente es fácil seleccionar un menú sano, como ensaladas sin salsas, carnes y pescados a la plancha, verduras hervidas o salteadas, mariscos, potajes con legumbres, etc. Hay que evitar todo tipo de salsas, incluidas la de tomate y desde luego, la bechamel. Olvídese de las pizzas, a menos que las elabore en casa con masa de patata o de harina especial sin gluten (ver receta en la sección correspondiente). Inclui-

mos una lista de restaurantes y hoteles en donde, siempre y cuando se haga constar el padecimiento de la enfermedad en la reserva, nos servirán alimentos exentos de gluten:

Aragón

Hotel El Pilar
Carretera de Francia s/n
22440 Benasque (Huesca)
Tel.: 974 55 12 63

Asturias

Hotel Maruja
Viella-Siero (Asturias)
Tel.: 98 526 55 21/526 54 84

Baleares

Hotel Baronia
Baronia, 16
07579 Banyalbufar (Mallorca)
Tel./Fax: 971 61 81 46

Hotel Playa Imperial
Cala Llonga
07840 Sta. Eulalia del Río (Ibiza)
Tel.: 971 19 64 71 / Fax: 971 19 64 91

Catalunya

Elite-Aeropuertos, S.A.
Aeropuerto de Barcelona
Restaurantes: Bufet libre y Sant Jordi
Tel.: 93 379 26 16 / Fax: 93 379 26 50

Hotel Zenit
Santaló, 8
08021 BARCELONA
Tel.: 93 209 89 11

Restaurante "Euskal Etxea"
Placeta Montcada, 1-3
08003 BARCELONA
Tel.: 93 310 21 85

Restaurante "El Paso"
Pas Estació, 15
La Floresta Pearson
08190 SANT CUGAT DEL VALLÉS (Barcelona)
Tel.: 93 674 38 03

Restaurante "El Paso"
Hotel "El Castell"
Carretera de Lleida, s/n
25700 LA SEU D'URGELL (Lleida)
Tel.: 973 35 07 34

Restaurante "El Velero"
Passeig de la Ribera, 38
08870 SITGES (Barcelona)
Tel.: 93 894 20 51

Restaurante "Cirera"
Calderés, 11
25735 VILANOVA DE MEIÀ (Lleida)
Tel.: 973 41 50 81

MADRID

Paellería "El Arrozal"
Cava de San Miguel, 3
MADRID
Tel.: 91 365 39 09/ 366 56 72

PRINCIPAT D'ANDORRA

Hotel Pic Maià
Port d'Envalira
BP 10 Encamp
PRINCIPAT D'ANDORRA
Tel.: 376 856 856
Fax: 376 856 789

PAÍS VASCO

Bar "El Farol"
Amistad, 5
48001 BILBAO
Tel.: 94 424 81 95

Restaurante "Goizeko-Kabi"
Particular Estraunza, 4
48011 BILBAO
Tel.: 94 442 11 29

Restaurante Andra Mari
Bº Elejalde, 22
48960 GALDÁCANO (Vizcaya)

Hotel San Sebastián
Avda. Zumalacárregui, 20
20009 SAN SEBASTIÁN
Tel.: 943 21 44 00

Restaurante Kai-Jatetxea
Magdalena Auxoa, 4
20830 Motrico (Guipúzcoa)

Hotel Nicol's
Pª Gudamendi, 21
20008 San Sebastián
Tel.: 943 21 57 99
Fax: 943 21 17 24

Restaurante "El Marinero"
Florida, 15
Santander
Tel.: 942 23 95 17

Si asiste a fiestas, haga exactamente lo mismo que las personas que están a dieta para adelgazar: cene en casa y coma únicamente ensaladas sin salsas cremosas, carnes sin salsa, etc. Cuidado con los postres, las sopas, los guisos y los aperitivos.

En cuanto a las bebidas, puede beber vino, ron, aguardientes y cava; nunca cerveza (aunque sea sin alcohol), ni whisky, por muy destilados que estén, están hechos con granos de los cereales dañinos.

La dieta sin gluten durante el embarazo

La mujer celíaca embarazada precisa de una alimentación equilibrada que le aporte todos los nutrientes necesarios para el normal desarrollo del feto. Esto puede conseguirse siguiendo las pautas alimentarias descritas anteriormente (50-60% de carbohidratos, 12-20% de proteínas, 25-30% de grasas, vitaminas, minerales y suficientes líquidos), si bien precisará una mayor ingesta de algunas vitaminas y minerales y un aumento progresivo de calorías en relación con el desarrollo del embarazo.

Una buena fuente alimentaria de fácil digestión es el arroz integral que utilizado como base proporciona:

- Del 71 al 83% de carbohidratos.
- Del 9 al 11% de proteínas.
- Entre 2 y 3% de grasas.
- Entre un 2 y un 10% de fibra (dependiendo de las diversas variedades).
- Considerables proporciones de vitaminas del complejo B.

También el arroz vaporizado puede utilizarse como base, ya que al vaporizarse con la cáscara, que contiene todas las vitaminas y los minerales, éstos penetran en el grano que posteriormente se descascarilla, de forma que conserva sus propiedades alimentarias. Otro cereal que se puede utilizar y que permite una gran variedad de posibilidades en su consumo es el maíz (existe una gran variedad de productos de este cereal en el mercado), que proporciona:

- 80% de carbohidratos.
- Entre el 10 y 12% de proteínas.
- Del 5 al 9% de grasas.
- Entre el 2 y 4% de fibra.

Las vitaminas A, D, C y ácido fólico y los minerales como el calcio, hierro y magnesio son de vital importancia durante el embarazo de forma que se deberán ingerir regularmente alimentos que los contengan:

- Vitamina A: leche y derivados, huevos y verduras de color naranja.
- Vitamina D: yema de huevo, leche y derivados, salmón fresco, sardinas e hígado.

- Vitamina C: cítricos, perejil, pimientos, fresas, melón, tomates y col.
- Calcio: leche y derivados, vegetales de hoja verde, legumbres secas y moluscos.
- Hierro: carne, yema de huevo, pescado, verduras de hoja verde, legumbres secas, cereales integrales permitidos, moluscos, carne de caballo y de ternera e hígado. Es interesante combinar estos alimentos ricos en hierro con los que contienen vitamina C, ya que esta última coadyuva a una mejor absorción de este mineral imprescindible en la elaboración de los glóbulos rojos.
- Ácido fólico: verduras de hoja verde, legumbres secas, huevo e hígado.
- Magnesio: verduras y hortalizas en general.

Es muy frecuente el estreñimiento durante el embarazo, por lo que se deberá beber suficiente líquido en forma de caldos, zumos, leche o agua, así como aumentar la ingesta de fibra mediante el consumo regular de arroz integral, frutas, verduras y legumbres.

Los grupos de apoyo

En todos los países con población afectada por la enfermedad celíaca existen asociaciones que ayudan a que la vida sea lo más normal posible. Allí encontrará todo tipo de información sobre la enfermedad celíaca y la dermatitis herpetiforme, desde libros hasta charlas y conferencias, diversas actividades sociales y de ayuda para solventar con éxito la enfermedad, así como a los padres de niños celíacos.

Los grupos de apoyo a celíacos tienen acceso a equipos médico/científicos que proporcionan información no disponible a través de los sistemas locales o autónomos de Salud. Además poseen todo tipo de información, incluyendo los descubrimientos e investigaciones más recientes. Todas las actividades pueden aportarle algo: conferencias, charlas, documentales, etc.

En España tenemos los siguientes:

ASOCIACIÓN CELÍACA ESPAÑOLA
Apto. de Correos 598
14080 CÓRDOBA
Tel.: 957 47 95 79

ASOCIACIÓN CELÍACA ESPAÑOLA
Apto. de Correos 1284
33080 OVIEDO
Tel.: 98 5 25 08 68

ASOCIACIÓN CELÍACA DE ARAGÓN
Paseo Mª Agustín, 38
50004 ZARAGOZA
Tel.: 976 44 52 11 - Fax: 976 44 14 42

ASOCIACIÓN CELÍACA ESPAÑOLA
Apto. de Correos 680
02080 ALBACETE

ASOCIACIÓN CELÍACA ESPAÑOLA
Apto. de Correos 1332
46080 VALENCIA
Tel.: 96 369 28 75

ASOCIACIÓN CELÍACA ESPAÑOLA
Apto. de Correos 205
15080 SANTIAGO DE COMPOSTELA
Tel.: 981 59 78 87

ASOCIACIÓN CELÍACA ESPAÑOLA
Fundición, 5, 5°
26006 LOGROÑO
Tel.: 941 20 42 40

ASOCIACIÓN CELÍACA ESPAÑOLA
Apto. de Correos 3053
30080 MURCIA
Tel.: 968 28 09 31

ASOCIACIÓN CELÍACA ESPAÑOLA
Olite, 40, 4° dcha.
31004 PAMPLONA
Tel.: 948 15 13 90

SMAP
Celíacs de Catalunya
Ronda Universitat 21, 8è. F
08007 BARCELONA
Tel.: 93 317 72 00 *282 - Fax : 93 412 03 82
e-mail: celiacs@tuareg.com
www:geocities.com/Hot Springs/Spa/3038

EZE
Asociación Celíaca de Euskadi
Somera, 3, 3°, depto. 2°
48005 BILBAO
Tel.: 94 416 94 80

ASOCEPA
Asociación Celíaca de la Provincia de las Palmas
Apto. de Correos 4237
35080 LAS PALMAS DE GRAN CANARIA
Tel./Fax: 928 85 90 44

ACM
Asociación de Celíacos de Madrid
Plaza de España, 18, 4º, 20
28008 MADRID
Tel.: 91 541 09 39 - Fax: 91 542 00 42

ACT
Asociación Celíaca de Tenerife
Apto. de Correos 816
38080 STA. CRUZ DE TENERIFE
Tel.: 922 24 63 98

ACEX
Asociación Celíaca de Extremadura
Ronda del Pilar, 10, 2º
06002 BADAJOZ
Tel.: 924 24 00 11

ACECAN
Asociación Celíaca de Cantabria
Apto. de Correos 291
39080 SANTANDER
Tel.: 942 33 63 85
E-mail: acecan@mundivia.es

ASOCIACIONES INTERNACIONALES

ARGENTINA

ASISTENCIA AL CELÍACO DE LA ARGENTINA
Casilla de Correo 5555, Correo Central
1000 BUENOS AIRES - República Argentina
Tel./Fax: (541) 331-8628

ASOC CELÍACA ARGENTINA - SEDE CENTRAL
Calle 2 n° 1578, entre 64 y 65,
1900 - La Plata
BUENOS AIRES
Tel./Fax: 54 21 230927

ASOCIACIONES PRO AYUDA AL CELÍACO
Personería Jurídica 212 "A", CC567 - Correo Central
5000 Cba
CÓRDOBA
Tel./Fax: 54 51 239217

CHILE

COACEL
Maria Luisa Santander 0475, Providencia
SANTIAGO CHILE

CLUB DE CELÍACOS DE LA UNIVERSIDAD
Concepción Urrutia Manzano 330
CONCEPCIÓN

ECUADOR (sólo contacto)

ESPECIALIDADES MÉDICAS INTEGRADAS
Reina Victoria 605, Wilson
QUITO
Tel.: 593 2 507435 - Fax: 593 2 568042

URUGUAY

ACELU Association Celíaca del Uruguay
Canelones 1164, Montevideo
URUGUAY
Tel.: 90 76 48 - 92 23 62 - Fax: + 98 59 59

Fuentes de productos comerciales sin gluten

Son cada día más las empresas que fabrican productos alimentarios sin gluten que encontraremos en las tiendas de dietética de toda España. Podemos citar los siguientes:

SINGLU, alimentos sin gluten
Jaime Pedró, S.A.
Polígono industrial Can Bros, naves 3 y 4
08760 Martorell (Barcelona)
Tel.: 93 774 34 52
Fax: 93 774 03 01

ARMENGOL, productos sin gluten frescos
Pastissers artesans Armengol, S.L.
C/ María Auxiliadora, 178
08224 Terrassa (Barcelona)
Tel.: 93 788 44 24

PROCELI, productos sin gluten
Proceli Turull, S.L.
C/ Martínez Díez, 28 int. bajos
08224 Terrassa (Barcelona)
E MAIL: pturull@cecot.es

SCHÄR
Winkelau 5,
1-39014 Burgstall (BZ), Italy
www.schaer.com

GLUTAFÍN
Nutricia, S.L.
Tel.: 91 724 84 55

PASTISSERIA I BOMBONERIA EMPURDANESA
C/ Villalonga, 11
17600 FIGUERES -Costa Brava- Girona
Tel.: 972 50 29 29
C/ l'Oliva, 72
GIRONA
Tel.: 972 50 33 82

SANAVÍ, S.A.
C/ Las Eras, s/n
18327 LÁCHAR (Granada)
Tel.: 958 45 71 27
Fax: 958 45 71 28
E-mail: sanavi@moebius.es
http: //wwp.moebius.es/sanavi

SANTIVERI
Encuny 8
08038 BARCELONA
Tel.: 93 223 00 99
Fax.: 93 223 02 95

LA ENFERMEDAD CELÍACA
Y SU RELACIÓN CON OTRAS ENFERMEDADES

La enfermedad celíaca puede confundirse fácilmente con otras enfermedades, dado que los síntomas son variados y difieren de un individuo a otro. Entre las afecciones que pueden dar lugar a un diagnóstico erróneo están los síndromes de malabsorción. Sin embargo, después de llevar una dieta sin gluten y ver que no hay una recesión, pueden hacerse pruebas específicas de dichos síndromes para saber si se trata de ellos y no de la celiaquia.

Otra afección que con frecuencia da lugar a confusión es el síndrome del intestino irritable. Asimismo, en las adolescentes puede confundirse el bajo peso y la inapetencia con desórdenes alimentarios como la bulimia o la anorexia.

Porque los síntomas de la enfermedad celíaca son muy variados, y pueden ser muy diferentes de un individuo a otro, es muy fácil que se confunda con otras enfermedades.

Por otro lado están las enfermedades relacionadas con la enfermedad celíaca. La predisposición genética de los enfermos celíacos puede hacerlos propensos a padecer otras afecciones relacionadas con el sistema inmunológico. Entre ellas están la enfermedad de Grave, la de Addison, la esclerodermosis, la hepatitis crónica activa, la miastenia gravis, el lupus eritomatoso sistémico, la estomatitis aftosa recurrente, la escasa producción de anticuerpos y el síndrome de Sjogren. Otras afecciones que no tienen que ver con el sistema inmunológico pero que están relacionadas con la celiaquia son la diabetes mellitus (tipo I o insulinodependiente), la artritis, la tiroiditis, la alergia, el autismo, el síndrome de la fatiga crónica (encefalomielitis miálgica, síndrome de la fatiga postviral), así como también diversas enfermedades hepáticas y el síndrome de Down. Pero entre todas ellas, la más conocida y común es la dermatitis herpetiforme, que trataremos más adelante con detalle.

La enfermedad celíaca también puede causar intolerancia a la lactosa, aunque de carácter temporal. La lactosa es un azúcar que se encuentra en la leche y sus derivados, que para poder ser digerida necesita de un enzima llamada lactasa; ésta se produce en los extremos de las vellosidades intestinales. Como sabemos, la enfermedad celíaca daña las vellosidades, por lo que es común que los celíacos sin tratamiento sufran de intolerancia a la lactosa; al llevar una dieta sin gluten se elimina el problema. Hay que aclarar que hay adultos que son intolerantes a la lactosa, incluso si tienen un intestino delgado sano. En este caso, la intolerancia no es temporal sino crónica.

¿QUÉ ES LA DERMATITIS HERPETIFORME? ¿QUÉ TIENE QUE VER CON LA ENFERMEDAD CELÍACA?

La dermatitis herpetiforme es una grave afección de la piel que a menudo comienza repentinamente, afectando los codos, rodillas, cuero cabelludo, espalda y nalgas. Por lo general comienza como una erupción de pequeñas ampollas agrupadas y rodeadas de una zona inflamada rojiza, que pican mucho y son dolorosas; pueden brotar en una zona localizada, pero a menudo brotan en varias zonas.

La causa de esta afección es la ingestión de gluten, que origina depósitos de IgA bajo la piel que tardan en desaparecer mucho tiempo, permaneciendo inclusive cuando el paciente ya lleva tiempo sometido a una dieta sin gluten.

Desafortunadamente, la mayoría de los individuos afectados por esta enfermedad no presentan síntomas evidentes de intolerancia al gluten, pero casi todos ellos sufren los mismos procesos y daño en el intestino que la enfermedad celíaca. Los investigadores afirman que muchos de los pacientes con dermatitis herpetiforme tienen también la enfermedad celíaca, pero únicamente un 5% de pacientes celíacos desarrollarán la dermatitis herpetiforme. Esta enfermedad afecta principalmente a los adultos, presentándose con mucha menos frecuencia en los niños. El tratamiento es el mismo que el de la enfermedad celíaca (dieta sin gluten) y la erupción tarda tiempo en desaparecer, inclusive bastante después de iniciar el tratamiento, debido a la naturaleza de los depósitos de IgA.

Recetas de cocina
especiales para celíacos

Las siguientes recetas pueden ser de gran ayuda para aquellas personas que inician la dieta, y también para enriquecer el compendio de recetas que posea el/la celíaco/a con experiencia. Si lo desea puede consultarlas con el médico.

Es importante destacar que la dieta ha de ser muy variada para no caer en deficiencias ni aburrirse, y es con este fin que se ha implementado esta sección del libro.

Nota: Cuando haya que enharinar, evidentemente será con harina sin gluten o bien de arroz o de maíz muy fina.

Pan para desayuno

Ingredientes

1 taza de arroz integral
8 tazas de agua
1 huevo
1 cucharadita de levadura en polvo
1 pellizco de sal

Preparación

1. Remojar el arroz toda la noche.
2. Licuar la mezcla hasta que el arroz quede reducido a partículas de un tamaño similar a la sal gruesa.
3. Añadir el huevo, la levadura en polvo y la sal, batiendo de nuevo para que queden bien incorporados.
4. Verter la mezcla en un molde bien engrasado y taparlo con papel de aluminio; dejarlo hornear durante 30 minutos

Pan de maíz

Ingredientes

      3 tazas de harina fina de maíz
      1 taza de puré de manzana
      1/2 cucharadita de sal
      2 cucharadas de levadura en polvo
      2 huevos
      3 tazas de agua

Preparación

1. Precalentar el horno a 175° C.
2. Engrasar un molde de 20 cm de diámetro.
3. Mezclar los ingredientes secos, añadiendo posteriormente los huevos y el agua. Incorporar bien.
4. Verter la mezcla en el molde y hornear de 40 a 45 minutos. El pan estará listo cuando el centro esté completamente firme y al insertar un cuchillo, éste salga limpio.

Bollos de maíz

Ingredientes

1 taza de harina fina de maíz
1 taza de harina de arroz
1 cucharadita de sal
3 cucharaditas de levadura en polvo
1 taza de puré de manzana
2 cucharadas de aceite de maíz
4 cucharadas de miel
2 huevos
1 taza de agua

Preparación

1. Precalentar el horno a 175° C.
2. Mezclar bien todos los ingredientes en un tazón.
3. Repartir la mezcla en 16 moldes de papel.
4. Si se prefiere, poner unas cuantas pasas o trocitos de nuez encima de la masa de cada molde.
5. Hornear durante 30 minutos.

Buñuelos de gambas

Ingredientes

200 g de gambas cocidas y finamente picadas
1 taza de arroz integral
1 cebolla finamente picada
4 huevos
una pizca de pimienta
un chorro de limón
50 g de harina de arroz
Aceite para freír

Preparación

1. Freír la cebolla hasta que esté transparente e incorporar las gambas picadas, removiendo durante 1 minuto.
2. Poner esta mezcla en un tazón y añadir los demás ingredientes.
3. Calentar el aceite en una sartén o en la freidora (tener cuidado de no freír nunca con el mismo aceite usado para alimentos rebozados con harina de trigo; tirar ese aceite y lavar la paella o freidora antes de freír los buñuelos).
4. Ir poniendo la mezcla a cucharadas y freír hasta que los buñuelos estén dorados. Ir poniéndolos en un plato cubierto con papel de cocina. Servirlos calientes.

Base para pizza

Ingredientes

4 tazas de harina de arroz, integral o normal
2 cucharaditas de levadura en polvo
1 taza de aceite de oliva o de girasol
agua helada

Preparación

1. Poner la harina en un tazón e ir añadiendo aceite mientras se mezcla con un tenedor, hasta que adquiera consistencia arenosa. Procurar que quede bien incorporado.
2. Añadir el agua a cucharadas, mezclando con el tenedor hasta obtener una masa consistente y elástica.
3. Extender la masa sobre una superficie previamente enharinada, hasta conseguir un grosor de 1 centímetro.
4. Colocarla sobre una placa de hornear previamente engrasada y enharinada.
5. Poner el relleno y hornear a 175° C hasta que esté cocida.

Pastel de atún

Ingredientes

    4 latas de atún de aproximadamente 125 g c/u o
    una lata grande
    4 dientes de ajo bien picados (podemos emplear
    un prensa-ajos)
    1 cebolla mediana finamente picada
    1 taza de harina de maíz
    1/2 taza de zumo de tomate hecho en casa
    1/4 de cucharadita de pimienta
    1 cucharadita de sal
    2 huevos
    1 cucharadita de hinojo picado (mejor si es fresco)

Preparación

1. Precalentar el horno a 190° C.
2. Escurrir bien el atún y desmenuzarlo bien.
3. Mezclar el ajo y la cebolla con el atún, e incorporar perfectamente los demás ingredientes.
4. Engrasar un molde hondo y vaciar en él la mezcla de atún.
Hornear durante 1 hora.

Pan de castañas

Ingredientes

> 3 huevos
> 400 ml de leche o agua si hay intolerancia a la lactosa
> 150 g de puré de castañas (se prepara hirviendo las castañas hasta que están cocidas; se pelan y se pasan por el pasapurés)
> 150 g de harina de arroz
> 150 g de harina de maíz
> un pellizco de sal
> 1/2 cucharadita de bicarbonato de soda
> 1 g de ácido tartárico
> 5 cucharadas de aceite de oliva
> 1 cucharada de azúcar integral

Preparación

1. Poner en un tazón el puré de castañas con el aceite y la leche, mezclando bien.
2. Batir los huevos e incorporarlos a la mezcla.
3. En otro tazón mezclar los ingredientes secos; añadir la mezcla del puré.
4. Dejar reposar la mezcla durante un par de horas, en un lugar tibio para que suba.
5. Verter la mezcla en un molde previamente engrasado y enharinado, hornearla a 180° C durante 45 minutos o hasta que el pan se vea ligeramente dorado.

Pan de frutas

Ingredientes

1 plátano grande hecho puré
2 manzanas ralladas
2 peras ralladas
100 g de requesón (o de tofu si hay intolerancia a la lactosa)
2 huevos
100 g de margarina
100 g de azúcar integral
50 g de almendras molidas (puede usar un molinillo de café)
1/2 vaso de agua caliente
1/2 cucharadita de bicarbonato de soda
150 g de harina de arroz
100 g de harina de maíz
1 cucharadita de canela molida

Preparación

Precalentar el horno a 180° C.

1. Poner a derretir la margarina en una cacerola honda y freír en ella las frutas durante 3 minutos; añadir el agua caliente y el azúcar y dejar hervir 1 minuto.
2. Dejar que se enfríe y cuando esté tibio añadir el queso o tofu, las almendras y los huevos batidos, incorporando todo perfectamente.
3. Mezclar en un tazón las harinas, el bicarbonato y la canela; verter la mezcla líquida y batir un poco para que quede todo perfectamente integrado.
4. Poner la mezcla en un molde previamente forrado con papel de aluminio engrasado y enharinado, tapándolo con otra hoja de papel de aluminio.
5. Poner a hornear durante 1 hora u hora y media.
6. Dejar enfriar en una rejilla.

Galletas para merienda

Ingredientes

100 g de boniato cocido
100 g de harina de arroz
100 g de harina de castañas
50 g de nuez moscada
150 g de azúcar integral
150 g de mantequilla o margarina
1 huevo

Preparación

Precalentar el horno a 180° C.

1. Mezclar en un tazón todos los ingredientes secos.
2. Derretir la mantequilla y cuando esté fría, mezclarla con el huevo batido; añadir esta mezcla al tazón y batir un poco hasta que quede una masa suave y pegajosa, parecida a la de la pizza.
3. Hacer bolitas del tamaño de una avellana e ir colocándolas en una placa de hornear previamente engrasada y enharinada, separándolas un par de dedos.
4. Hornear durante 15 minutos o hasta que se vean cocidas.
5. Dejar enfriar en una rejilla y guardarlas en una lata.

Pan de otoño

Ingredientes

    2 tazas de boniato cocido

    2 tazas de puré de castañas (ver recetas anteriores)

    2 tazas de manzana rallada

    3 tazas de harina de arroz

    1 taza de leche en polvo (puede ser de soja)

    200 g de almendras molidas (en el molinillo de café)

    1 1/2 tazas de zumo de manzana

    2 huevos

    1/4 taza de aceite de girasol

    1/4 de taza de azúcar

    2 cucharaditas de levadura en polvo

    2 cucharadas de jengibre fresco rallado o 1/2 de jengibre en polvo

Preparación

1. Mezclar la harina, la levadura en polvo, las almendras molidas y la leche en polvo en un tazón grande.
2. En la batidora, mezclar bien el zumo de manzana, los huevos, el aceite y el azúcar. Añadir el líquido resultante a los ingredientes del tazón y batirlos para formar una masa homogénea.
3. Añadir las manzanas, el boniato, el puré de castañas y el jengibre. Batir para integrar bien todos los ingredientes.
4. Poner en un molde previamente engrasado y enharinado, y meter al horno a 180° C de hora a hora y media. El pan estará listo cuando al introducir un cuchillo, éste salga limpio.

Pan de maíz para acompañar platos

Ingredientes

2 tazas de harina fina de maíz
1 huevo
2 tazas de leche caliente
2 cucharadas de levadura en polvo
1 cucharadita de sal
50 g de mantequilla

Preparación

1. Poner la harina en un tazón, junto con la levadura en polvo y la sal.
2. Batir la leche y los huevos, mezclándolos bien, y añadirlos a los ingredientes secos.
3. Fundir la mantequilla e incorporarla a la mezcla.
4. Verter la mezcla en un molde previamente engrasado y hornear a 200° C de 1/2 hora a 3/4 de hora.

Pan de maíz y queso

Ingredientes

2 tazas de harina fina de maíz
200 g de queso cremoso tipo Philadelphia
2 huevos
150 g de mantequilla reblandecida
1 1/2 tazas de leche caliente
2 cucharadas de levadura en polvo
1/4 de cucharadita de sal

Preparación

Precalentar el horno a 180° C.
1. Poner en un tazón la harina, la sal y la levadura.
2. Añadir la leche y dejar reposar unos minutos; mientras, ir batiendo los huevos, la mantequilla y el queso con una batidora manual hasta que quede una crema tersa.
3. Incorporar la leche con la harina; una vez que estén bien mezclados, añadir la crema de queso, batiendo de nuevo.
4. Verter en un molde engrasado y enharinado y hornear durante 1/2 hora o hasta que esté cocido.

Pastelitos de patata

Ingredientes

1/2 kg de patatas cocidas y hechas puré
100 g de queso parmesano rallado
2 huevos
1/4 de taza de aceite de oliva
1 cebolla grande rallada o finamente picada
1/2 cucharadita de pimienta blanca molida
1 cucharadita de sal
1/8 de litro de puré de tomate hecho en casa

Preparación

1. Mezclar en un tazón todos los ingredientes menos el puré de tomate, batiendo bien para que quede una masa homogénea y tersa.
2. Con las manos ir formando cuadrados de aproximadamente 10 cm por 2 cm de altura; ir poniéndolos en una bandeja de horno engrasada.
3. Hornear a 175° C hasta que estén dorados.
4. Sacarlos del horno y colocarlos en una fuente plana, poniendo por encima de cada uno una cucharada de puré de tomate.

Para hacer el puré de tomate (1/8 litro):

1. Poner en una cacerola 300 g de tomates, con agua suficiente para cubrirlos, y 2 dientes de ajo.
2. Una vez cocidos, enfriarlos y pelarlos; reducirlos a puré y llevarlos de nuevo a ebullición con una cucharada colmada de agar-agar, removiendo constantemente hasta que espese, añadiendo sal al gusto.

Pastel de patatas, jamón y pimiento

Ingredientes

1/2 kg de patatas cocidas y hechas puré
100 g de jamón serrano finamente picado
2 pimientos rojos asados, pelados, picados y sin semillas
2 huevos
1/8 l de aceite de oliva
50 g de aceitunas deshuesadas y molidas
1 cucharadita de sal

Preparación

1. En un tazón mezclar el puré de patatas con los huevos batidos y el aceite; batir unos minutos para que la masa quede bien integrada, y añadir la sal.
2. Agregar los demás ingredientes y batir para que queden bien distribuidos e incorporados a la mezcla.
3. Vaciar la masa en un molde previamente engrasado y enharinado, y poner al horno a 180° C durante 45 minutos.

Pastel cremoso de patatas

Ingredientes

> 1/2 kg de patatas cocidas y hechas puré
> 1/4 de litro de nata agria
> 200 g de queso tipo Philadelphia
> 1 cebolla grande rallada o finamente picada
> 5 cucharadas de aceite de girasol
> 2 huevos batidos
> sal y pimienta al gusto

Preparación

1. Mezclar bien todos los ingredientes, batiendo enérgicamente durante unos minutos.
2. Vaciar la masa en un molde previamente engrasado y enharinado, y poner al horno a 180° C durante 45 minutos.

Pan de maíz y quinoa

Ingredientes

2 tazas de harina fina de maíz
1 taza de quinoa cruda molida
3 cucharaditas de levadura en polvo
1 huevo batido
2 tazas de leche
3 cucharadas de aceite de oliva

Preparación

Precalentar el horno a 220° C.

1. Mezclar perfectamente todos los ingredientes para formar una pasta; ponerla en un molde previamente engrasado y enharinado.
2. Hornear durante 1/2 hora.
3. Servir caliente con queso manchego o con mantequilla.

Pan de maíz estilo Tex-Mex

Ingredientes

>2 huevos
>1/2 taza de aceite de maíz
>2 tazas de harina de maíz
>1 cucharada de levadura en polvo
>2 cucharaditas de sal
>2 cebollitas tiernas picadas (también la parte verde)
>200 g de queso Emmental rallado
>4 chiles jalapeños de lata, picados

Preparación

1. En un tazón grande mezclar perfectamente todos los ingredientes y vaciarlos en un molde engrasado y enharinado.
2. Hornear a 220° C durante 1/2 hora. Servir caliente acompañando carne con "chili" o cualquier carne a la plancha.

Croquetas de mijo y verdura

Ingredientes

2 tazas de mijo cocido
2 tazas de verduras cocidas, de las que se usan para
  preparar ensaladilla rusa
4 huevos
1/2 taza de queso parmesano rallado
2 tazas de bechamel hecha con maicena o con harina de arroz
harina de arroz o maizena
pan rallado sin gluten
aceite para freír

Preparación

1. Escurrir bien las verduras y reducirlas a puré.
2. Mezclar perfectamente todos los ingredientes, reservando dos huevos.
3. Hacer las croquetas, rebozándolas con la harina de arroz;
   pasarlas por el huevo batido y rebozarlas con el pan rallado sin gluten.
4. Freír en abundante aceite caliente e irlas colocando en
   una fuente cubierta con papel absorbente. Servir acom-
   pañadas de ensalada.

Pastel de mijo, calabaza y pollo

Ingredientes

> 2 pechugas grandes de pollo finamente picadas
> 2 tazas de mijo cocido
> 2 tazas de puré de calabaza hecho en casa
> 2 huevos
> 1 taza de leche
> 1/4 de cucharadita de pimienta
> 2 cucharaditas de sal

Preparación

Precalentar el horno a 180° C.

1. Incorporar bien todos los ingredientes y vaciar la mezcla en un molde previamente engrasado. Hornear durante 1/2 hora y servir caliente acompañado de ensalada.

Mijo tricolor

Ingredientes

> 3 tazas de mijo cocido
> 1 taza de puré de remolacha*
> 1 taza de espinacas cocidas y picadas*
> 1 taza de puré de zanahoria o de calabaza*
> 3 tazas de nata fresca (no líquida)
> 150 g de queso Emmental rallado

Preparación

*Para hacer los purés: Cocer cada verdura con 1 cebolla grande cortada en trozos y 1/4 de cucharadita de sal; una vez cocidas, pelar la remolacha y las zanahorias, y pasar por el pasapurés junto con la cebolla.

1. Mezclar por separado una taza de mijo con una de puré de cada verdura, y añadir 50 g de queso y una taza de nata a cada mezcla.
2. Verter por separado en tres moldes para flan previamente forrados con papel de aluminio y dejarlos 1 hora en el frigorífico. Desmoldar y servir en una fuente grande, colocándolos sobre un lecho de lechuga.

Mijo con lentejas y manzanas

Ingredientes

2 tazas de mijo cocido
2 tazas de lentejas rojas cocidas
1 vaso de caldo de lentejas
1 taza de manzana cortada en dados
1 cebolla grande picada
2 dientes de ajo picados
1 cucharada de perejil picado
1 cucharadita de polvo de curry
1 cucharadita de sal
1/4 de taza de aceite de oliva

Preparación

1. Freír los ajos en una cacerola de fondo grueso, hasta que estén transparentes; añadir la cebolla y freír hasta que esté ligeramente dorada.
2. Añadir la manzana y dejar saltear a fuego moderado hasta que esté blanda; añadir el mijo, las lentejas y el caldo, sazonando con el polvo de curry y el perejil picado.
3. Dejar 5 minutos a fuego medio; apagar y dejar reposar otros 5 minutos antes de servir.

Pastel nutritivo de arroz

Ingredientes

3 tazas de arroz integral cocido
3 tazas de zanahoria rallada
3 huevos
1/2 taza de nueces picadas
1/2 litro de yogur natural
1 cucharadita de canela molida
1 taza de azúcar integral
100 g de mantequilla

Preparación

1. Poner en la batidora el yogur, los huevos, la canela y el azúcar integral; batir bien hasta que quede una mezcla homogénea.
2. Poner el arroz integral, las nueces y la zanahoria en un tazón grande, y añadir la mantequilla fundida, mezclando perfectamente.
3. Verter la crema de yogur y huevo, removiendo hasta que quede bien incorporado.
4. Vaciar la masa en un molde previamente engrasado y enharinado, y meter al horno a 180° C durante 1 hora; revisar si está cocido metiendo un cuchillo y si sale limpio es que ya está.

Estofado rápido de arroz integral y verduras

Ingredientes

3 tazas de arroz integral cocido
2 cebollas medianas finamente picadas
1 taza de zanahoria rallada
2 tazas de champiñones picados
1 taza de pimientos verdes picados
1 vaso de caldo de verduras hecho en casa
2 tazas de puré de tomate hecho en casa
150 g de aceitunas deshuesadas
2 cucharadas de perejil picado
1/4 de vaso de aceite de oliva

Preparación

1. En una cacerola freír la cebolla hasta que esté transparente; añadir los pimientos y deje freír un buen rato. Agregar la zanahoria, los champiñones y el caldo de verduras y dejar cocer a fuego bajo y con la cacerola tapada hasta que estén suaves.
2. Añadir el arroz integral, el puré de tomate, el perejil y las aceitunas y deje 10 minutos más.

Pan de soja y arroz

Ingredientes

2 tazas de harina de arroz integral o blanco
1 taza de harina de soja
1 1/2 tazas de yogur natural
100 g de mantequilla
2 huevos
3 cucharadas de levadura en polvo
1/2 taza de miel o 1 taza de azúcar integral

Preparación

1. Mezclar las harinas en un tazón junto con la levadura.
2. Derritir la mantequilla y mézclela en la batidora con el yogur, la miel y los huevos. Batir muy bien porque cada ingrediente tiene diferente consistencia.
3. Verter la mezcla líquida sobre los ingredientes secos, incorporando bien, y vaciarla en un molde engrasado y enharinado.
4. Hornear a 200° C durante 45 minutos o hasta que esté bien cocido (haga la prueba del cuchillo).

Berenjenas rellenas de arroz

Ingredientes

6 berenjenas medianas
1 taza de arroz integral
4 dientes de ajo muy bien machacados (si lo desea use un prensa-ajos)
1 cebolla grande finamente picada
3 cucharadas grandes de perejil picado
1/4 de vaso de aceite de oliva
150 g de queso Emmental rallado
sal y pimienta al gusto

Preparación

1. Cortar las berenjenas en mitades longitudinalmente, hacer agujeros con un tenedor en la pulpa, salpimentar y rociarlas con un poco de aceite. Acomodarlas en un molde y ponerlas a hornear hasta que estén bien asadas pero sin que se queme la piel.
2. Dejar que se enfríen y vaciar la pulpa con cuidado, de modo que la piel quede intacta, como si fuera un recipiente. Picar bien la pulpa y resérvela.
3. En una sartén grande freír los ajos y cuando estén transparentes, añadir la cebolla y freírla hasta que esté ligeramente dorada; agregar la pulpa de berenjena y el perejil. Rectificar de sal.
4. Ir rellenando las cáscaras de berenjena y acomodarlas en una fuente que pueda ir al horno. Cubrirlas con el queso rallado y ponerlas a gratinar hasta que el queso se dore.

Servir acompañado de ensalada.

Polenta

Ingredientes

1 taza de polenta
5 tazas de agua
2 cucharaditas de sal
50 g de mantequilla
200 g de queso manchego seco rallado

Preparación

1. Poner a hervir el agua en una cacerola; cuando rompa a hervir agregar la sal y la polenta en forma de lluvia, bajando a fuego medio y removiendo constantemente hasta que esté cocida.
2. Apagar, añadir la mantequilla y el queso removiendo bien y dejar tapado para que repose.
3. Servir como acompañamiento de carne o pollo a la plancha.

Tarta de polenta

Ingredientes

100 g de mantequilla fundida
1/2 taza de azúcar integral
2 huevos
1 1/2 tazas de polenta
1/2 taza de almendras molidas
1 cucharadita de levadura en polvo
2 cucharadas soperas de piel de limón rallada
2 cucharadas soperas de piel de naranja rallada
1 taza de yogur
1/2 taza de zumo de naranja
Azúcar de lustre para adornar

Preparación

1. En un tazón grande mezclar bien todos los ingredientes secos. Añadir el zumo de naranja, el yogur y la mantequilla fundida. Batir bien durante un rato hasta que la mezcla sea homogénea.
2. Verter la masa en un molde para tarta engrasado y enharinado, y hornear a 200° C durante 45 minutos aproximadamente.
3. Sacar del horno y dejar enfriar en una rejilla. Desmoldar y decorar con azúcar lustre.

Brazo de gitano con nata de fresa

Ingredientes

250 g de Mix A (preparado para pastelería sin gluten Shär)
7 huevos
3 cucharadas de azúcar
una pizca de sal
300 g de fresas frescas
1/2 l de nata para montar
100 g de azúcar

Preparación

1. Batir las claras de huevo con la sal. La mezcla estará a punto cuando el corte de un cuchillo permanezca visible. Agregar, mezclando, yemas de huevo y azúcar alternativamente; añadir seguidamente el preparado para pastelería tamizado.
2. Preparar una bandeja con papel de hornear y distribuir uniformemente la mezcla obtenida. Cocer en el horno a 180° C durante unos 20 minutos.
3. Dejar enfriar sobre un paño de cocina espolvoreado con azúcar (utilizar el azúcar en polvo vainillado Schär) y enrollarlo cuando aún esté caliente con ayuda del paño.
4. Para preparar el relleno, pasar las fresas en el pasapurés, reservando unas cuantas para decorar. Batir la nata con el azúcar, reservando una taza en una manga pastelera y mezclando el resto con las fresas molidas. Extender la nata de fresa sobre el brazo y enrollarlo. Cubrir con la nata reservada y mitades de fresas.

Pastel de chocolate

Ingredientes

225 g de Mix A (preparado para pastelería sin gluten Schär)

75 g de azúcar moreno

25 g de cacao en polvo

90 ml de agua

1/2 cucharadita de sal

200 g de mantequilla

1 cucharadita de esencia de vainilla

2 huevos

150 ml de nata ácida

180 g de azúcar lustre tamizado

100 g de chocolate troceado

1 cucharadita de leche

25 g de frutos oleaginosos (avellanas, nueces o almendras)

Preparación

Precalentar el horno a 180º C.

1. Disolver el cacao en un cazo con 50 g de azúcar moreno y hacerlo hervir durante algunos minutos. Retirar del fuego y dejar enfriar.

2. Poner en un tazón el Mix A y los demás ingredientes secos. Mezclar bien el resto del azúcar moreno con 100 g de mantequilla, incorporar la esencia de vainilla y las dos yemas, añadir el cacao ya frío y echar el compuesto en el tazón con los ingredientes secos y la nata ácida.

3. Montar las claras a punto de nieve e incorporarlas delicadamente a la masa. Verter el compuesto en un molde redondo y hornearlo durante una hora y cuarto.

4. Retirar el bizcocho del horno, dejarlo enfriar durante 5 minutos y desmoldarlo sobre una rejilla.

5. Para preparar la crema, batir 100 g de mantequilla hasta que se ponga espumosa y añadir el azúcar lustre sin dejar de remover.

6. Disolver al baño María el chocolate troceado con la leche, mezclando continuamente. Añadirle el compuesto de mantequilla y azúcar lustre.

7. Dividir el bizcocho en dos capas, rellenar con 2/3 de la crema y cubrir con el resto. Esparcir en el borde las oleaginosas picadas.

Dulce tradicional navideño

Ingredientes

1 cucharada de Mix C (mezcla de harina para
repostería sin gluten Schär)
400 g de pan rallado sin gluten Schär
225 g de concentrado de manzana
225 g de mantequilla
1/2 cucharadita de sal
1 cucharadita de especias mixtas
350 g de pasas sultanas
350 g de pasas de Corinto
100 g de corteza de cítricos confitada picada
50 g de almendras peladas y molidas
2 manzanas grandes (peladas, mondadas y cortadas
en trocitos muy pequeños)
ralladura y zumo de 1/2 limón
2 huevos batidos
300 ml de cuajada
180 ml de leche

Preparación

Este dulce requiere una preparación especial, ya que debe
prepararse dos días antes de consumirse.

1. Mezclar en un tazón los ingredientes secos, o sea, pan
   rallado, harina, sal, especias mixtas, frutos secos, cortezas
   confitadas y almendras molidas.
2. Añadir las manzanas, ralladura y zumo de limón, huevos,
   cuajada, mantequilla y jarabe de remolacha, mezclando
   muy bien; añadir la leche necesaria para obtener una masa
   blanda y húmeda, que pondremos en una budinera gran-

de y previamente engrasada, tapándola con una hoja de papel encerado y otra de papel de aluminio engrasado, hacer un pliegue en el centro y atar alrededor del borde con hilo.

3. Dejar reposar toda la noche. Colocar el molde sobre una olla y cocer al baño María, a temperatura baja, durante 4-5 horas.

4. Retirar del fuego y dejar enfriar. Quitar las hojas de papel de aluminio y encerado y colocarle otras dos nuevas preparadas de la misma manera.

5. Llevar nuevamente al baño María durante 2 horas y servir caliente, regando la superficie con una mezcla de mantequilla fundida y brandy.

Espaguetis a la carbonara

Ingredientes

400 g de espaguetis sin gluten Schär
100 g de tocino
50 g de queso parmesano rallado
1 cucharada de aceite de oliva (o una nuez de mantequilla)
2 cucharadas de nata líquida
4 yemas de huevo
sal y pimienta al gusto

Preparación

1. Cortar el tocino a tiras. En una cazuela grande, poner el aceite (o la mantequilla) y el tocino y sofreír a fuego moderado; apartar del fuego y mantenerlo caliente.
2. Poner a hervir los espaguetis con abundante agua salada; mientras se cuecen, batir los huevos, añadir la crema de leche, la mitad del queso rallado y una buena dosis de pimienta negra molida.
3. Cuando los espaguetis estén al dente (8-10 minutos), escurrirlos y echarlos en la cazuela, que se habrá vuelto a poner al fuego; remover los espaguetis para que tomen sabor, sacar la cazuela del fuego y añadir inmediatamente los huevos batidos. Servir en los platos con el resto del queso rallado.

Flan de leche

Ingredientes

> 250 g de Mix C (mezcla de harina para repostería Schär)
> 125 g de mantequilla fría
> 100 g de azúcar
> 1 sobre de azúcar avainillado
> 1 cucharadita de levadura
> 2 huevos
> 50 g de Mix C (mezcla de harina para repostería Schär)
> 125 g de azúcar aromatizado con vainilla
> 1/4 l de leche

Preparación

Precalentar el horno a 200° C.

1. Tamizar el preparado para repostería sobre la superficie de trabajo, formando un volcán; poner el resto de los ingredientes en el centro. Amasar rápidamente hasta obtener una pasta lisa, envolverla en papel de aluminio y dejarla reposar un rato en el frigorífico.
2. Extender la masa hasta obtener una placa de un grosor de 3 mm. Colocar la masa en un molde engrasado, apretándola con los dedos contra las paredes del molde y pinchar la base varias veces con un tenedor.
3. Hornear durante 10 minutos. Mientras tanto, batir los huevos junto con el azúcar aromatizado. Añadir la harina y la leche fría, sin dejar de remover para evitar que se formen grumos.
4. Verter la masa en la base de tarta y hornear durante 30 minutos a 180°C.

Macarrones a los cuatro quesos

Ingredientes

400 g de pipette sin gluten Schär
50 g de mozzarella
50 g de queso parmesano rallado
50 g de queso para fundir
50 g de queso holandés
50 g de mantequilla
1/2 cucharada de maizena
1 vaso de leche
queso parmesano rallado
sal y pimienta al gusto

Preparación

1. Cortar los quesos en tiras finas. Poner en una cazuela la mitad de la mantequilla y cuando se haya derretido, añadir el almidón de maíz.
2. Mezclar durante 30 segundos, añadir la leche y, removiendo siempre, dejar hervir durante 5 minutos. Quitar la cazuela del fuego.
3. Añadir los quesos, remover bien y reservar. Cocer la pasta al dente, con abundante agua salada (10 minutos) y escurrir.
4. Ponerla en una fuente, sazonar con pimienta negra molida y añadir el resto de la mantequilla fundida. Mezclar bien.
5. Poner la cazuela con los quesos unos instantes a fuego vivo y remover rápidamente. Echar la crema sobre los macarrones, mezclarlo todo y servir muy caliente.
6. El queso parmesano se sirve aparte. Pueden emplearse también otros tipos de quesos.

Quiché de champiñones

Ingredientes

250 g de harina integral sin gluten Schär Vital
125 g de mantequilla
2 huevos
1 cucharadita de levadura en polvo
sal y pimienta de Cayena
1/2 cucharadita de mostaza
100 g de queso rallado
1 cebolla cortada a rodajas finas
500 g de champiñones en láminas
50 g de mantequilla
1/2 cucharadita de leche
4 huevos batidos
150 g de queso Gouda rallado

Preparación

Precalentar el horno a 180° C.

1. Hacer un volcán con la harina y echar en el centro los huevos, la levadura en polvo, la mantequilla en trocitos, el queso rallado y la mostaza; salpimentar. Trabajar rápidamente los ingredientes desde el centro hasta obtener una masa lisa. Dejarla descansar durante 1 hora.
2. Rehogar en la mantequilla la cebolla y los champiñones; retirarlos del fuego y añadir, mezclando continuamente, la leche, los huevos batidos, el queso (reservar una cucharada) y las especias.
3. Forrar con la masa un molde circular y rellenar con la crema de queso y champiñones. Espolvorear con el queso restante y hornear durante 1 hora.

Tarta de manzanas tipo inglés

Ingredientes

250 g de harina integral sin gluten Schär Vital
200 g de mantequilla
100 g de azúcar
8 cucharadas de agua
750 g de manzanas cocinadas y cortadas en láminas
100 g de pasas de uva
175 g de azúcar integral
1 cucharadita de canela
1 cucharadita de nuez moscada
la ralladura y el zumo de medio limón
leche y azúcar para abrillantar

Preparación

Precalentar el horno a 200° C.

1. Mezclar en un tazón la harina, la sal y el azúcar; añadir la mantequilla en trocitos y mezclar con los dedos hasta conseguir una textura arenosa. Añadir agua poco a poco hasta formar una masa tierna pero compacta. Trabajarla bien con las manos y formar una bola, envolverla en una hoja de papel de aluminio y dejarla reposar 1/2 hora en el frigorífico.
2. Dividir la masa por la mitad; estirar una parte y forrar con ella una tartera circular de 20 cm de diámetro, previamente enharinada.
3. Poner las manzanas en un tazón, añadir los demás ingredientes y colocar todo en el molde revestido con la masa. Estirar la otra mitad de la masa dándole forma de disco y cubrir con ella la tarta. Pintar la superficie con un poco de leche y espolvorearla con azúcar, realizando un pequeño agujero en el centro para que escape el vapor.
4. Hornear la tarta durante 15 minutos.

Panettone

Ingredientes

250 g de Mix A (preparado para pastelería Schär)
90 g de mantequilla
la piel rallada de medio limón
1/2 bolsita de azúcar glas
4 cucharadas de leche
2 huevos
pasas y/o frutas confitadas a voluntad

Preparación

1. Lavar y secar las pasas y pasarlas por harina.
2. Poner todos los ingredientes excepto las pasas y las frutas confitadas en un cuenco y remover con la batidora durante 5 min. a velocidad máxima. Para terminar, añadir las pasas y las frutas confitadas.
3. Verter la masa en un molde engrasado y meter en el horno a 180° C durante 1 hora.

Pasta al huevo

Ingredientes

> 80 g de Mix C (mezcla de harina para repostería Schär)
> 1 huevo
> 1 cucharada de aceite de germen de maíz
> 1 cucharada de agua

Preparación

1. Mezclar bien todos los ingredientes y trabajarlos hasta obtener una masa firme y lisa.
2. Pasar la masa por la máquina de pasta para obtener las distintas formas de pasta.
3. Cocer la pasta durante 5 minutos en abundante agua con sal, añadiendo un poco de aceite para que no se pegue.

Pasta al huevo (ravioles de requesón y espinacas)

Ingredientes

300 g de Mix B (preparado para pan sin gluten Schär)
4 huevos
300 g de requesón
150 g de espinacas hervidas
1 huevo
30 g de queso parmesano rallado
nuez moscada, sal y pimienta

Preparación

1. Se pasa la harina por un tamiz. Se dispone en forma de volcán sobre una tabla y se cascan los huevos en el centro; con un tenedor se va echando encima poco a poco la harina. Se trabaja la masa con las manos hasta que se obtenga una pasta fina y uniforme.
2. Se coloca la masa en un tazón y se cubre con un trapo de cocina húmedo.
3. Mientras, se prepara el relleno. Se pican finamente las espinacas, se agrega el huevo, el requesón, una pizca de nuez moscada rallada, un poco de sal y se remueve bien; a continuación se incorpora el queso parmesano rallado mezclando bien.
4. Trabajar la masa con las manos unos segundos, cortarla en dos mitades, extendiendo ambas por separado con el rodillo de madera, hasta obtener dos planchas finas del mismo espesor y tamaño. Sobre una plancha se distribuye el relleno en montoncitos equidistantes, del tamaño de una cucharita de café, hasta que se acabe.
5. Se coloca la segunda plancha sobre la primera y se aprie-

ta con cuidado alrededor de cada montoncito y con un cortapasta ondulado se va cortando la pasta a cuadros. Si se tiene a mano el molde para hacer los raviolis, éste se colocará encima de la plancha de pasta, se distribuirá el relleno en los huecos para luego recubrir con la otra plancha presionando un poco y después se pasará por encima el rodillo de madera.

6. Cocer los raviolis en abundante agua hirviendo previamente salada, durante aproximadamente 6 minutos y añadir al agua 1 o 2 cucharaditas de aceite de maíz.

Remover los raviolis de vez en cuando con cuidado; condimentar a gusto con mantequilla fundida y salvia o con salsa de tomate.

Pizza

Ingredientes

250 g de Mix B (preparado para pan Schär)
1 sobrecito de levadura seca o 20 g de levadura fresca
20 g de mantequilla
250 ml de agua tibia
50 g de margarina
500 g de tomates de conserva o salsa de tomate fresca
1 cucharadita de orégano
150 g de mozzarella en rodajas
sal, pimienta y aceite de oliva al gusto

Preparación

1. Verter el Mix B en un cuenco, añadir la mantequilla, el agua y la levadura disuelta en un poco de agua y trabajar todos los ingredientes hasta obtener una masa lisa. Si se utiliza levadura seca, mezclarla bien con el Mix B y posteriormente añadir la mantequilla y el agua.
2. Extender la masa en una bandeja untada con aceite y dejarla fermentar.
3. Poner en la base de pizza con salsa de tomate, colocar el queso mozzarella encima y sazonar con sal y pimienta.
4. Pulverizar encima el orégano y, para terminar, verter unas gotas de aceite encima.
5. Volver a dejar fermentar durante 15 minutos y hornear la pizza durante 30 minutos a 180° C.

Plum cake

Ingredientes

500 g de Mix A (preparado para pastelería sin gluten
Shär)
250 g de mantequilla blanda
3 huevos enteros
4 yemas de huevo
200 g de pasas
3 cucharadas de ron
una pizca de sal
corteza rallada de limón
azúcar avainillado Shär

Preparación

Precalentar el horno a 180° C.
1. Lavar y dejar secar las pasas. Poner todos los demás ingredientes en un tazón y amasarlos bien con el batidor a la velocidad máxima durante 5 minutos. Agregar las pasas.
2. Poner la masa en un molde rectangular previamente engrasado y enharinado. Hornear durante 60 minutos.
3. Dejar enfriar y espolvorear con azúcar avainillado Schär.

Quiché de salmón y brécol

Ingredientes

150 g de Mix B (preparado para pan Schär)
100 g de harina de trigo sarraceno
1 huevo
125 g de mantequilla
1 pizca de sal
200 g de brécol
200 g de salmón crudo
200 ml de nata
3 huevos
2 cucharadas de zumo de limón
sal y pimienta al gusto

Preparación

Precalentar el horno a 200° C.

1. Poner todos los ingredientes en el lugar de trabajo y mezclarlos hasta obtener una masa homogénea. Dejar reposar la masa durante 1 hora en el frigorífico. A continuación, forrar con ella un molde para tarta engrasado y enharinado.
2. Cocer el brécol en agua con sal. Escurrirlo y colocarlo sobre una capa de papel de cocina. Cortar el salmón y el brécol en trocitos y colocarlos sobre la base de tarta.
3. Batir la nata, los huevos y el zumo de limón, salpimentar la mezcla y verterla sobre el salmón y el brécol. Hornear durante 30 minutos. Servir caliente.

Salsa bechamel

Ingredientes

40 g de Mix C (mezcla de harina para repostería
   Schär)
500-600 ml de leche
40 g de mantequilla
1 pizca de sal y nuez moscada

Preparación

1. Fundir la mantequilla, añadir el Mix C y agregar sin dejar
   de remover la leche, la sal y la nuez moscada. Seguir removiendo hasta que la salsa bechamel tenga una consistencia cremosa.

Sopa de verduras

Ingredientes

150 g de ditali sin gluten Schär
200 g de judías
4 cucharadas de aceite
2 patatas
2 tomates maduros
2 zanahorias
2 calabacines
1 cebolla
1 puerro
3 ramas de apio
2 cucharadas de queso parmesano rallado

Preparación

1. Desgranar las judías frescas (o, si son secas, ponerlas en remojo en agua fría durante una noche). Limpiar la verdura y cortarla a rodajas.
2. Poner a hervir 2 litros de agua con sal en una cazuela; cuando rompa a hervir, añadir la verdura cortada y 2 cucharadas de aceite. Tapar la cazuela y cocer a fuego lento durante 2 horas, hasta obtener una sopa densa. Añadir la pasta y dejar hervir nuevamente. Al final de la cocción (10 minutos), añadir 2 cucharadas de aceite y el queso rallado. Servir muy caliente.

Tarta 1001 noches

Ingredientes

> 200 g de Mix A (preparado para pastelería Schär)
> 50 g de maizena
> 1 huevo entero
> 1 yema de huevo
> 50 g de mantequilla
> 500 g de Mix A (preparado para pastelería Schär)
> 12 huevos
> 6 cucharadas de azúcar
> 1 pizca de sal
> 200 g de mantequilla
> 150 g de azúcar lustre
> aroma de vainilla
> 4 claras de huevo
> 200 g de mermelada de albaricoque
> 3 cucharadas de café soluble disuelto en 1/4 l de agua
> 125 g de azúcar
> 3 copas de nata para montar
> 2 cucharaditas de café soluble
> 3 cucharaditas de chocolate sin leche en polvo
> 50 g de azúcar

Preparación

Precalentar el horno a 175° C.

1. Amasar rápidamente los 200 g de preparado para pastelería con la maizena, el huevo, la yema de huevo y la mantequilla. Dejar reposar la masa durante 1/2 hora en la nevera. Extender y hornear en una bandeja cubierta con papel encerado durante aprox. 20 minutos. La masa no debe quedar demasiado oscura.

2. Preparar la segunda masa batiendo las yemas con el azúcar hasta obtener una pasta homogénea. Incorporar la harina y las claras batidas a punto de nieve. Poner esta masa en la misma bandeja cubierta con papel encerado y meter en el horno a 180°C durante 1 hora.

3. Untar la masa base con mermelada de albaricoque y colocar la segunda tarta encima. Dejar enfriar.

4. Preparar la crema batiendo la mantequilla con el azúcar hasta que esté espumosa. Añadir el aroma de vainilla y las yemas y mezclar hasta obtener una crema homogénea.

5. Cortar horizontalmente la segunda tarta y mojar ambos lados con la mezcla de café, agua y azúcar; verter la crema encima.

6. Volver a cubrir con la mitad superior y untar toda la tarta con la nata montada y mezclada con el café soluble, el chocolate en polvo y el azúcar. Antes de servir, dejar reposar una 1 en el frigorífico.

Tarta de peras y canela

Ingredientes

200 g de mantequilla
360 g Mix A (preparado para pastelería Schär)
40 g de azúcar
4 huevos
1 cucharada de chocolate en polvo
1 cucharada de canela
1/2 bolsita de azúcar avainillado
2 peras grandes

Preparación

1. Batir la mantequilla con las yemas de huevo y el azúcar hasta que esté espumosa. Mezclar y añadir el preparado para pastelería, chocolate en polvo y canela. Batir la masa durante unos 5 minutos con la batidora e incorporar las claras de huevo batidas a punto de nieve.
2. Verter 2/3 de esta masa en un molde y distribuir encima las peras cortadas en rodajas. Cubrir con el resto de la masa y hornear 60 minutos a 180° C.

Budín de York

100 g de Mix B (preparado para pan sin gluten
Schär)
1 huevo batido
300 ml de leche
mantequilla para untar el molde

Preparación

Precalentar el horno a 200° C.

1. Pasar por el tamiz la harina y la sal. Hacer un volcán y echarle en el centro el huevo y la mitad de la leche, mezclando bien con una cuchara de madera. Cuando la harina haya absorbido todo el líquido y se haya formado una masa consistente, añadir la leche restante de manera que quede una pasta fluida.
2. Untar un molde con la mantequilla y meterlo un momento en el horno para calentarlo; verter la masa y hornear 60 minutos. Servir inmediatamente, acompañando un plato de carne.

ÍNDICE

ADITIVOS, CONSERVANTES, Y COLORANTES

¿Qué son, qué peligros entrañan?

¿Quiere Vd. saber lo que realmente está consumiendo cuando toma una bebida, come un alimento enlatado o saborea un queso francés?

¿Desea conocer qué efectos pueden tener sobre su organismo o sobre el de los suyos los aditivos que contienen la mayoría de los alimentos industriales?

¿Siente Vd. simplemente curiosidad por saber qué significan las misteriosas siglas E200, E301, E330, etc... que tantas veces ha encontrado en las chapas de las bebidas o las etiquetas de las latas?

La GUÍA DE ADITIVOS pone a su disposición la información que necesita para ser Vd. mismo quien juzgue qué ha de consumir y qué ha de evitar.